PSICOTERAPIA
DE CURTA DURAÇÃO
NA ABORDAGEM GESTÁLTICA

Dados Internacionais de Catalogação na Publicação (CIP)
(Câmara Brasileira do Livro, SP, Brasil)

Pinto, Ênio Brito
Psicoterapia de curta duração na abordagem gestáltica:
elementos para a prática clínica / Ênio Brito Pinto.
– 3. ed. – São Paulo: Summus, 2016.

ISBN 978-85-323-0512-1

1. Gestalt (Psicoterapia) 2. Psicanálise
3. Psicoterapia breve I. Título.

08-11351   CDD-616.89143

Índice para catálogo sistemático:
1. Gestalt: Psicoterapia de curta duração 616.89143

Compre em lugar de fotocopiar.
Cada real que você dá por um livro recompensa seus autores
e os convida a produzir mais sobre o tema;
incentiva seus editores a encomendar, traduzir e publicar
outras obras sobre o assunto;
e paga aos livreiros por estocar e levar até você livros
para a sua informação e o seu entretenimento.
Cada real que você dá pela fotocópia não-autorizada de um livro
financia o crime
e ajuda a matar a produção intelectual de seu país.

ÊNIO BRITO PINTO

PSICOTERAPIA
DE CURTA DURAÇÃO
NA ABORDAGEM GESTÁLTICA

ELEMENTOS PARA A PRÁTICA CLÍNICA

summus
editorial

PSICOTERAPIA DE CURTA DURAÇÃO NA ABORDAGEM GESTÁLTICA
Elementos para a prática clínica
Copyright© 2009 by Ênio Brito Pinto
Direitos desta edição reservados por Summus Editorial

Editora executiva: **Soraia Bini Cury**
Assistentes editoriais: **Andressa Bezerra e Bibiana Leme**
Capa: **Daniel Rampazzo / Casa de Idéias**
Diagramação: **Jordana Chaves / Casa de Idéias**

2ª reimpressão, 2024

Summus Editorial
Departamento editorial:
Rua Itapicuru, 613 – 7º andar
05006-000 – São Paulo – SP
Fone: (11) 3872-3322
http://www.summus.com.br
e-mail: summus@summus.com.br

Atendimento ao consumidor:
Summus Editorial
Fone: (11) 3865-9890

Vendas por atacado:
Fone: (11) 3873-8638
e-mail: vendas@summus.com.br

Impresso no Brasil

Sumário

Introdução 9

1. De onde olho: a ótica da Gestalt-terapia 17

2. A Gestalt-terapia de curta duração – reflexões para a prática clínica 33

   Alguns aspectos transversais da psicoterapia de curta duração..34

3. A Gestalt-terapia de curta duração.......................43

   A psicoterapia..44

   A psicoterapia de curta duração..............................49

   A Gestalt-terapia de curta duração encontra as outras abordagens da psicoterapia: aproximações e distanciamentos 54

   Os objetivos das psicoterapias de curta duração........57

   A retomada do equilíbrio pré-existente.................... 59

   A superação de crise recente 60

   A superação de sintomas 61

   A facilitação de mudanças 61

   A melhora do diálogo eu-mim e a ampliação do campo de consciência.................................. 63

4. Estratégias terapêuticas básicas 65
A situação terapêutica 66
A compreensão do cliente..70
A visão de homem na psicoterapia 73
Um primeiro contato com o diagnóstico em Gestalt-
-terapia de curta duração 74

5. O foco...77
O foco e o sintoma 83
O trabalho com o foco: apresentando o foco para o
cliente...87
O trabalho com o foco: a tarefa do terapeuta..................92

6. O diagnóstico 97
Singularidades e pluralidades.......................................98
Aspectos fenomenológicos 103
Pensamento diagnóstico processual............................107
Funções do diagnóstico...109
O diagnóstico: como fazer?...112
O diagnóstico do estilo de personalidade.................114
O diagnóstico e a queixa...127
O diagnóstico do terapeuta..132

7. A relação psicoterapêutica 133
A aliança terapêutica...134
A atitude do terapeuta 139
Congruência...139
A aceitação do cliente..141
A empatia e a inclusão 146
O diálogo...149
O diálogo e o poder...151
O diálogo amoroso 153

8. Algumas questões adicionais 157

   A transferência 157

   Tarefas para casa 160

   O contrato...163

   O intervalo entre as sessões 166

   O fim da terapia 167

Considerações finais.................................... 171

Referências bibliográficas 179

Introdução

Indagar e atuar, teoria e prática, devem ser manejados como momentos inseparáveis, tomando parte de um só processo.

José Bleger

É cada vez maior a demanda, nos dias de hoje, por trabalhos terapêuticos que sejam úteis em um tempo relativamente curto. Quer seja pelo alto preço de uma terapia de longo prazo, quer seja pelas peculiaridades tão marcantes do processo de globalização pelo qual passa o Ocidente atualmente, quer seja pelo estilo de vida que caracteriza nossa cultura nesse começo de século XXI, quer seja pela maior possibilidade se dar acesso aos recursos da psicoterapia às pessoas com menos influência e de menor poder aquisitivo, quer seja porque hoje há mais pessoas que podem se beneficiar de intervenções psicoterapêuticas rápidas, o fato é que existe um espaço enorme e crescente para esse tipo de trabalho. Em Gestalt-terapia há ainda muito a desenvolver sobre esse tema, e este livro é a minha forma de colaborar com tais estudos.

Este texto nasceu de minha tese de doutoramento, cujo tema foi a Gestalt-terapia de curta duração para uma população específica, os sacerdotes católicos. Com base nessa clientela e em outros atendimentos de curta duração que desenvolvi ou supervisionei, formou-se uma nova figura que, acredito, pode colaborar com o desenvolvimento teórico desse tipo de trabalho no Brasil. Acredito que o presente livro pode ser bastante útil tanto para colegas que desejam atender determinada população com características peculiares (militares, estudantes, presidiários etc.) quanto para colegas que desenvolvem trabalhos com determinadas demandas, como as encontradas em hospitais, comunidades específicas etc. De igual forma, este trabalho também será útil para o colega que acompanha em seu consultório uma clientela que a cada dia tem menos tempo para a psicoterapia. Embora eu tenha me focado especialmente na terapia individual, as considerações que desenvolvo aqui também são aplicáveis a trabalhos grupais, respeitadas suas particularidades.

Um dos primeiros problemas com o qual deparei ao desenvolver essas ideias foi a delimitação da psicoterapia. Grosso modo, a psicoterapia individual, que é o interesse de momento, trata-se do encontro de duas pessoas, o terapeuta e o cliente, com o propósito de compreender a vida do cliente visando restaurar e ampliar sua consciência e vivacidade. A psicoterapia favorece alternativas para avaliar pontos de vista, percepções e posturas que afetam os sentimentos e o comportamento do cliente. Ela é uma interação entre um terapeuta e um cliente e se dirige para uma mudança na vida deste. Em todo processo psicoterapêutico existem conceitos que orientam a atitude e as intervenções do psicoterapeuta e que devem se basear em uma teoria de personalidade e em uma abordagem sobre o processo psicoterapêutico, o qual levará em conta o diagnóstico, a existência ou não de patologia e os procedimentos a serem propostos.

No caso das psicoterapias de curta duração, embora o nome de psicoterapia breve tenha se tornado o mais comum para esse tipo de trabalho, ele não traz uma ideia clara do tipo de psicoterapia a que se refere, pois dá a impressão de que sua principal característica seja uma delimitação temporal previamente determinada, o que não é verdadeiro. Ainda que a duração desse trabalho possa de fato ser breve, o que o caracteriza essencialmente é uma série de procedimentos e posturas bastante peculiares.

A psicoterapia de curta duração tem algumas propriedades especiais, dentre as quais posso destacar o modelo etiológico, as relações entre psicopatologia, comportamentos e ajustamentos, os modelos motivacionais e cognitivos da personalidade, a atitude e a abordagem de que o terapeuta se utiliza para interagir com o cliente. A psicoterapia de curta duração tem também, no entanto, algumas propriedades que comunga com as psicoterapias de maneira geral, especialmente aquela que postula a necessidade de haver um fundamento em uma teoria de personalidade, o que servirá para nortear o psicoterapeuta na busca de ajudar o cliente a ampliar seu autoconhecimento.

A Gestalt-terapia é uma teoria de personalidade e de psicoterapia que vem sendo continuamente desenvolvida por autores contemporâneos. Faz parte da chamada terceira força em psicologia, ou corrente humanista, que emergiu como reação às visões psicanalítica e comportamentalista do ser humano. É fundamento da Gestalt-terapia a possibilidade de compreender o ser humano como uma totalidade integrada, uma unidade indivíduo-meio e uma unidade de passado, presente e futuro, pois, para a abordagem gestáltica, o aqui-e-agora é o tempo e o lugar em que as modificações podem ocorrer. A teoria da Gestalt-terapia busca atenção aos processos, ou seja: o que mais importa é o relacionamento entre eventos. A visão do Gestalt-terapeuta é voltada para a dinâmica que acontece em determinado momento da vida de uma pessoa. Para a Gestalt-terapia, é mais importante o "como" do que o "o quê" ou o "por quê". Dessa maneira, importa entender o ser humano como um ser em relação. Um ser em relação consigo mesmo, com o mundo que o rodeia, com suas possibilidades e potencialidades existenciais. Um organismo, isto é, um todo animobiopsicossocial em relação com o mundo.

Utilizando o referencial gestáltico, trabalho aqui com temas importantes que não estão suficientemente desenvolvidos na literatura: as peculiaridades da Gestalt-terapia de curta duração. O que pretendo é desenvolver e delimitar uma abordagem da prática clínica em psicoterapia de curta duração, baseada na Gestalt-terapia. Minha pesquisa é feita com base em dois eixos, principalmente: um levantamento teórico-bibliográfico que fundamente o desenvolvimento da prática clínica específica que pleiteio e uma verificação, por meio de atendimentos de clientes, dos parâmetros teóricos desenvolvidos. No campo prático, o estudo teórico é básico para atendimentos em Gestalt-terapia de curta duração, atendimentos esses que, por sua vez, colocam à prova a consistência da abordagem desenvolvida.

Penso que é preciso incrementar uma fundamentação explícita e cuidadosa para o trabalho terapêutico de curta duração na abordagem gestáltica. Ao escrever este livro, quis contribuir para o desenvolvimento dessa fundamentação. Mais do que isso, quero dar ao tema um trato teórico cuidadoso e fundamentado em uma prática clínica séria e criteriosa. Pretendo, no decorrer do texto, seguir um dos mais sábios "conselhos" de Fritz Perls, um dos criadores da Gestalt-terapia:

> Qualquer abordagem racional da psicologia que não se esconda por detrás de um jargão profissional deve ser compreensível para o leigo inteligente e deve ser fundamentada em fatos do comportamento humano. Caso contrário há algo basicamente errado com ela. A psicologia lida, afinal de contas, com um objeto de maior interesse para os seres humanos: nós próprios e os outros. [...] Tal compreensão do *self* envolve mais que o entendimento intelectual habitual. Requer sentimento e também sensibilidade. (Perls, 1977, p. 17)

Depois de dada por terminada a tarefa de escrever este livro, dediquei-me a reler o que havia escrito. Duas coisas me chamaram a atenção durante essa releitura e quero discuti-las aqui como forma de prevenir o leitor.

A primeira delas é uma sensação que me acompanhou em alguns trechos do livro, uma sensação de falta. Em alguns momentos, parece que a discussão ainda poderia ir mais adiante, entrar em mais detalhes, especificar mais. Escolhi não entrar nesses detalhes e deixar a possibilidade de que o leitor atento também viva essa espécie de desconforto. Minha decisão baseou-se em um fato simples: é essa a sensação mais comum que se vive quando se trabalha com psicoterapia de curta duração. Há uma incompletude, algo que ainda poderia se desenvolver e terá de ficar suspenso, inacabado. Espero que, ao ler o livro, o leitor já conheça uma das vicissitudes da psicoterapia de curta duração na própria teoria e aprenda a se satisfazer com isso ou, quando for o caso, buscar o completamento da teoria em sua vivência, em discussões com colegas, em outros autores. É assim que acaba por agir também o cliente em psicoterapia de curta duração: findo o prazo, ele sabe que ainda tem o que desenvolver e, se o trabalho foi bem-sucedido, ele sabe também que tem os recursos que lhe permitem continuar sua busca sem a companhia do terapeuta. Na psicoterapia de curta duração, terapeuta e cliente terminam o trabalho com a incompletude explicitada; espero que também este livro traga essa sensação.

O segundo ponto que me chamou a atenção após a releitura do livro foi a necessidade de deixar claros, desde já, dois termos bastante utilizados no texto e que não são tão comuns no vocabulário daqueles que não vivem o dia-a-dia da academia. Trata-se dos conceitos de redução e reducionismo.

Como nos ensina Merleau-Ponty, "se fôssemos espírito absoluto, a redução não seria problemática. Mas já que, pelo contrário, estamos no mundo, já que mesmo nossas reflexões têm lugar no fluxo temporal que procuram captar, não há pensamento que envolva todo pensamento" (in: Forghieri, 2001, p. 21). Como não há pensamento que envolva todo pensamento, é necessário que façamos reduções para compreender o mundo e, em ciência, para que possamos teorizar. Este livro é uma redução, como, de resto, o é todo livro. Não há como fazermos teoria sem fazermos reduções. A redução não é apenas uma necessidade científica, mas é inevitável em face da complexidade do real. Reduzir é necessário para tocar a vida. É algo que fazemos em todas as dimensões da existência. Do ponto de vista estritamente epistemológico, a redução é necessária para responder (e fazer) questões sobre o real. Nenhuma ciência se propõe a descrever o real tal qual ele é. Fazem-se "mapas", "cenários", algo que permita uma interpretação e a lida com a realidade. A polaridade aparência/realidade exige um jogo de redução e ampliação. Reduz-se para ampliar o conhecimento do real.

A diferença entre redução e reducionismo não pode ser dada *a priori*. Ela vem com a prática. Grosso modo, se a redução é filha da vontade de saber, o reducionismo é filho da vontade de ter certezas. Da maneira que o entendo, reducionismo é uma supersimplificação, uma tentativa de negar a complexidade de dado fenômeno (ou pessoa), compreendendo-o com base em leis simples e, em certo sentido, desconsideradoras para com o fenômeno (ou a pessoa) estudado. Além disso, o reducionismo é uma tentação! No cotidiano, a frase do reducionismo é "só pode ser isso (ou por isso)"; em um trabalho científico, o reducionismo é a certeza, é a fuga da ansiedade gerada pela provisoriedade sem fim de cada saber.

Assim, neste livro faço reduções e espero ter escapado da praga do reducionismo. Acredito profundamente que de todo objeto de estudo algo nos escapa, sempre existe um elemento de surpresa, uma abertura para uma nova descoberta. Por isso a ciência é infinita. Espero que o presente livro convide a novas reflexões, a críticas, a aprofundamentos e a novas descobertas na abordagem gestáltica e sobre a Gestalt-terapia de curta duração.

De onde olho: a ótica da Gestalt-terapia

Os princípios da Gestalt-terapia, em particular, aplicam-se a pessoas reais que estão enfrentando problemas reais num ambiente real. O Gestalt--terapeuta é um ser humano em consciência e em interação: para ele não existe uma "clienticida-de" pura. Existe somente a pessoa relacionan-do-se com a sua cena social, procurando crescer através da integração de todos os seus aspectos.
Erving e Miriam Polster

A premissa da qual parto é a de que toda abordagem em psicologia apresenta, ainda que apenas implicitamente, como suporte para sua prática clínica, uma visão acerca do ser humano. A Gestalt-terapia é uma síntese criativa e coerente, em constante transformação, de algumas correntes filosóficas ou psicoterápicas: a psicologia existencial, a psicologia fenomenológica, a psicologia humanista, a psicanálise (freudiana e de alguns discípulos de Freud[1]), os trabalhos de Martin Buber, Kurt Lewin e os trabalhos de Reich, a psicologia da Gestalt, a teoria organísmica de Goldstein, a teoria de Lewin, alguns aspectos do taoísmo e do budismo. É dessa base de influências que se pode depreender a visão de ser humano da abordagem gestáltica e, a partir daí, depreender também sua visão sobre a psicoterapia.

A atitude fenomenológico-existencial é o ponto para o qual convergem essas múltiplas fontes da Gestalt-terapia, e é o ponto que fundamenta a concepção de homem da abordagem gestáltica. Essa atitude dá sentido e coerência aos fragmentos de influências que originaram a Gestalt-terapia, propiciando uma configuração, uma Gestalt, à semelhança de um leque, que precisa de um ponto comum que una seus segmentos para formar um novo e harmônico todo (Loffredo, 1994, p. 74).

Para Tellegen, a partir desse fundamento fenomenológico-existencial, a Gestalt-terapia tem suas bases no "homem-em-relação, na sua forma de estar no mundo, na radical escolha de sua existência no tempo, sem escamotear a dor, o conflito, a contradição, o impasse, encarando o vazio, a culpa, a angústia, a morte, na incessante busca de se achar e se transcender" (1984, p. 41).

É com base nesse fundamento fenomenológico que a Gestalt-terapia também entende a consciência como *cons-*

---

1 Mais recentemente, principalmente no que diz respeito ao diagnóstico, começam a influir no desenvolvimento da abordagem gestáltica algumas teorias também dissidentes da psicanálise clássica, principalmente pelos trabalhos de Fairbairn e de Winnicott (Hycner e Jacobs, 1997; Frazão, 1999b; Delisle, 1999).

ciência de alguma coisa, uma consciência voltada para um objeto, o qual, por sua vez, é um *objeto para* uma consciência. Isso permite uma análise das vivências intencionais da consciência para que se perceba como a pessoa produz o sentido de cada fenômeno.

A visão humanista, conquanto não negue o trágico na existência humana, privilegia também uma visão mais voltada para o belo e o positivo do ser humano, para o criativo que é transformador e que, por isso, gera novas possibilidades, abrindo para o cliente em psicoterapia a possibilidade de tomar consciência e posse do que tem de melhor em si e em seu mundo.

No que diz respeito à influência do existencialismo na psicoterapia, a abordagem gestáltica compreende o ser humano como possuidor de si, livre e responsável, capaz de ampliar sua consciência de si e de seu mundo de acordo com sua vivência imediata e com a confiança na extensão dessa vivência para o futuro. Os pontos centrais do encontro da Gestalt-terapia com o existencialismo são verificados na crença na possibilidade humana da liberdade, da responsabilidade e da escolha, do homem com poder ante si e sua existência. Além disso, é importante entendermos o existencialismo como uma reversão filosófica do dualismo inerente ao platonismo e ao pensamento cartesiano: essência e substância, corpo e alma.

Por causa da influência no pensamento existencialista, há na Gestalt-terapia grande ênfase nas escolhas que as pessoas fazem e na relação da pessoa com o destino, os dados da vida, como a morte. No modo gestáltico de lidar com o existencialismo, o conceito de campo, definido como "a totalidade dos fatos coexistentes, em dado momento, e concebido em termos de mútua interdependência, cuja significação depende da percepção dessa correlação entre sujeito e objeto" (Ribeiro, 1999, p. 57), torna-se primordial, uma vez que, para a abordagem gestáltica, o campo é primário, a experiência surge do campo, o *self* e o outro são processos do campo, nossas escolhas configuram o campo, enquanto significados surgem de interações com o campo, e não nos são dados *a priori*. Para a Gestalt-terapia, a ênfase é no vivido.

Hoje em dia, esse encontro da Gestalt-terapia com uma concepção existencial do ser humano se dá principalmente pelos trabalhos de Martin Buber, o qual, com sua filosofia dialógica, fundamenta importantes reflexões de Gestalt-terapeutas.

Buber acreditava que a civilização moderna, ao não valorizar os aspectos relacionais da vida, ampliou o espaço para o narcisismo e para o isolamento do ser humano. Esta relação, o inter-humano, está presente no diálogo e dá sentido a ele – diálogo entendido aqui não somente no que se refere ao discurso, mas ao fundamento relacional da existência humana. Ao valorizar o aspecto relacional da existência humana, a Gestalt-terapia se mostra com uma atitude terapêutica e uma visão de ser humano fundamentada na abordagem dialógica, a qual valoriza o *entre*, "o verdadeiro lugar e o berço do que acontece entre os homens" (Buber, in: Hycner, 1997, p. 29). Segundo Hycner (1997, p. 29),

> aquilo que nos une como seres humanos não é, necessariamente, o visível e o palpável, mas, sim, a dimensão in-

visível e impalpável "entre" nós. É o espírito humano que permeia qualquer interação nossa. É o "fundo numinoso" que nos envolve e interpenetra. A partir dele emergem nossa singularidade e individualidade, tornando-se figura. É a fonte da cura.

Fundamentam também a abordagem da Gestalt-terapia alguns conceitos da psicologia da Gestalt: a crença na possibilidade de as pessoas organizarem seu campo de experiência em necessidades suficientemente bem definidas, que servem de referência quando elas organizam seu comportamento; o conceito de pregnância (ou boa forma) e a diferenciação entre meio comportamental e meio geográfico, bem como a visão holística que agregue em uma Gestalt, em uma configuração, o ser humano como um todo a ser compreendido, um todo que é diferente da soma de suas partes e que é único a cada momento.

Do trabalho de Goldstein, imensamente importante para a Gestalt-terapia, uma das primeiras contribuições a serem realçadas aqui é a que trata de se referir ao humano como *organismo*, uma concepção que não admite a dicotomia corpo-mente.

Para a Teoria Organísmica, de Goldstein, a vida humana é um processo de contínua aprendizagem, uma aprendizagem que possibilitará a esse ser humano, na medida em que se apropria de conhecimentos sobre si e sobre o mundo, o movimento de ininterruptamente se autoatualizar. A busca é pelo equilíbrio, entendido por Goldstein como sinônimo de saúde. Não um equilíbrio estático, mas, pelo contrário, profundamente dinâmico, pois se trata aqui de uma interação organismo-meio, uma interação constantemente sujeita a perturbações internas ao organismo, provenientes do meio ou da relação do organismo com o meio.

Além disso, o trabalho de Goldstein caracteriza-se por ser uma abordagem holística: desde o começo do século passado, ele propõe, contrariando parcela da atual e dicotomizadora neuropsicologia, que o organismo, e não apenas o cérebro, reage como um todo.

Para Goldstein, há uma provisão constante de energia para o organismo, que é uniformemente distribuída e que representa um estado normal, ao qual sempre se retorna ou se procura retornar. Esse é o processo de autoatualização. Se o meio ambiente é adequado, é mais fácil para o organismo manter seu equilíbrio. As mudanças na energia são geradas por desequilíbrios causados tanto pelo meio externo quanto por conflitos internos. Com a maturidade trazida pela experiência e pela aprendizagem, a pessoa desenvolve meios e comportamentos que ajudam a manter o equilíbrio e tornam menos problemáticos os desequilíbrios.

Porque o meio tem mais influência sobre o organismo do que este sobre o meio – o meio deve ser conquistado. Como o ser humano é maleável, essa conquista se dá pela autoatualização organísmica, um processo que traz as necessidades mais importantes para o primeiro plano da *awareness* no momento mesmo em que essas necessidades surgem, um processo que se fundamenta em um complexo sistema de ajustamentos e em sofisticadas interações que protegem a fronteira de contato, possibilitando a conquista do equilíbrio. É importante lembrar que essa interação organismo-meio é extremamente dinâmica, de modo que a cada vez que o equilíbrio é alcançado, imediatamente ele é perdido, para de novo ser alcançado e perdido, em um ciclo ininterrupto por toda a vida do organismo.

De Reich, Perls levanta a ideia da importância do corpo humano como totalidade, como manifestação humana e como história sempre re-escrita; também vem de Reich a lição de que o ser humano busca a sensação, o orgasmo, a riqueza da autoexpressão imediata e não distorcida. Há também, derivada de Reich, uma ênfase da Gestalt-terapia na ligação íntima entre as lembranças e os afetos que acompanham essas lembranças. Isso implica uma presença do corpo no aqui-e-agora da psicoterapia, condição para que se realize um trabalho bem-sucedido. Fundamenta-se também em Reich o trabalho gestáltico com as frustrações.

Duas correntes religiosas do Oriente, o taoísmo e o zen budismo, com as quais Perls teve contato por causa de sua busca da compreensão de si e do ser humano, exercem especial influência na Gestalt-terapia.

A influência do taoísmo aparece no que diz respeito ao vazio fértil, o abandono de si, como o melhor modo de ser criativo. Paradoxalmente, somente quando a pessoa se esvazia, ela pode se preencher. Além disso, há também influência do pensamento oriental na valorização que a Gestalt-terapia dá à busca da ampliação da consciência e à abertura para a sabedoria. A visão do homem como totalidade, já presente em Goldstein, também é reforçada em Gestalt-terapia por influência do pensamento oriental, da mesma maneira que a possibilidade da contínua transformação do ser humano ao longo da vida, fruto de desapegada abertura ao novo.

Segundo Ribeiro (1985, p. 124), em Gestalt-terapia "o sentido de abertura, de abandono a si próprio, de fuga no domínio do pensamento, da volta ao corpo e às emoções, da não-espera programada, do deixar acontecer são influências nítidas do zen budismo e taoísmo". Essas religiões influenciam a Gestalt-terapia como um modo de estar na realidade e de a ela reagir, um modo que tem também como pontos importantes, além dos já citados, a vivência e a consciência do aqui-e-agora, a questão das polaridades, a visão do crescimento como contínuo, o apelo à totalidade do corpo, o predomínio dos sentimentos sobre a razão, a autorrealização e a autoatualização, a aceitação do vivido mais do que a análise do vivido, a crença na capacidade de um crescimento ótimo do ser humano (Ribeiro, 1985, p. 131).

Outro conceito importante na abordagem gestáltica é o conceito lewiniano de campo. Para Lewin, o ser humano é responsável por seu destino e por sua liberdade, ou seja, existe por conta própria, de modo que é possível acessar e explicar o comportamento humano tal qual ele se dá, sem a necessidade de metáforas, com base no sujeito e no meio no qual acontece, no momento em que ocorre (Ribeiro, 1999, p. 58). Há em toda a obra de Perls uma preocupação em esclarecer as relações entre a pessoa e o ambiente no qual ela está imersa, com notável ênfase do criador da Gestalt--terapia na compreensão do ser humano por meio de uma sensível articulação entre os aspectos biológicos, espirituais, psicológicos e socioculturais presentes na vida humana. É por isso, por exemplo, que em PHG[2] (1997, p. 43) encon-

---

2   O livro de Perls, Hefferline e Goodman, intitulado *Gestalt-terapia*, é costumeiramente tratado nos meios da abordagem gestáltica como PHG, em uma carinhosa homenagem a seus autores. Daqui por diante, utilizar-me-ei dessa nomenclatura quando me referir a essa obra.

tramos a afirmação de que não se pode levar em conta os fatores culturais ou históricos como modificadores ou complicadores de uma situação, mas somente como *intrínsecos* ao modo como a questão se apresenta.

As influências da psicanálise na Gestalt-terapia são variadas, uma vez que tanto Perls quanto Laura foram, a princípio, psicanalistas. Houve um tempo em que se dava, em Gestalt-terapia, muito mais ênfase às divergências com a psicanálise do que aos pontos de encontro. Hoje, a situação é um pouco diferente: o contato entre as duas teorias já não é mais tão baseado em ressentimentos e em rivalidades, mas, antes, em crescente respeito pelas diferenças e em crescente aprendizagem mútua. Como cada corrente em psicologia já tem seu campo definido, abre-se agora o espaço para o enriquecimento mútuo, na medida em que praticamente acabou a discussão de uma querer se sobrepor à outra. Nesse processo de influências recíprocas entre as teorias de base psicanalítica e as teorias humanistas, penso que há uma mudança interessante ocorrendo no campo da psicoterapia.

Tem-se caminhado, nas psicoterapias, para uma maior interação entre as teorias relacionais e desenvolvimentistas, como a Gestalt-terapia e a abordagem winnicottiana, por exemplo, e as mais baseadas no *drive*, ou nas pulsões, como a psicanálise clássica. Isso não quer dizer que se caminhe para uma uniformidade no campo das psicoterapias, uma vez que, ainda que haja marcante influência de uma visão sobre a outra, e vice-versa, mantêm-se – e são por demais importantes para serem menosprezadas – importantes diferenças quanto a como se caracteriza a natureza humana.

Assim, sintetizando, podemos dizer que a Gestalt-terapia é uma abordagem fenomenológico-existencial que tem como valores relevantes a singularidade do ser humano e a responsabilidade de cada pessoa perante si, seu tempo e seu mundo.

A Gestalt-terapia também tem como valor relevante o fato de que o ser humano é fundamentalmente um ser de relação, um ser que não pode sequer ser concebido senão em relação consigo, com o outro e com o ambiente. É também importante para a abordagem gestáltica a busca humana pela liberdade no convívio com o destino, uma busca que se baseia no potencial criativo e realizador de cada pessoa em sua sempre inacabada tarefa de ser.

Quando me refiro ao destino, apoio-me em Rollo May (1987), para quem destino é o padrão de limites e de riquezas que constituem o que nos é dado na vida. Esses limites e riquezas podem aparecer nos eventos de grande escala, como a morte, ou de pequena escala, como uma tromba d'água. Para May, o destino é tudo aquilo que nos é dado, que não podemos escolher; a liberdade se contrapõe ao destino na medida em que ele é nosso limite, ou seja, cada pessoa é livre para lidar com seu destino, com aquilo que lhe é dado. May (1987, p. 115-7) afirma que "nosso destino não pode ser cancelado; não podemos apagá-lo ou substituí-lo por qualquer coisa. Mas podemos escolher como vamos reagir, como vamos usar nossos talentos". O autor diz ainda que o destino é uma série dada e inalterada de eventos, os quais, por mais dolorosos que sejam, precisam ser reconhecidos e aceitos, de modo que "a liberdade de cada um está em proporção com o grau com que confrontamos e vivemos em relação ao nosso destino". Para May, o destino nos confronta em diversos níveis: no nível cósmico, como no nascimento e na morte, nos terremotos e vulcões, na felicidade da praia deserta; no nível genético, com nossa anatomia e nossos dons; no nível cultural, pois "ao nascer somos 'lançados' em uma família que não escolhemos, em uma cultura que ignorávamos por completo, em um período histórico específico sobre o qual nada tínhamos a dizer"; e, finalmente, no nível circunstancial: "o mercado de ações sobe e desce; uma guerra é declarada; Pearl Harbor é atacado. Depois que tais coisas acontecem, não podem mais ser invertidas, evitadas ou ignoradas", mas é preciso que se lide com elas e essa é a função e é também o limite da liberdade.

Além desses aspectos relativos à abordagem gestáltica, que agora rememoro, como já vimos, são também conceitos básicos da Gestalt-terapia: totalidade e integração (a pessoa como uma unidade psique-corpo-espírito); o ser humano como unidade indivíduo-meio (o ser humano interage constantemente com limites sociais e ambientais, a ponto de não ser possível sequer imaginá-lo senão em interação íntima com o meio); unidade de passado, presente e futuro (o aqui-e-agora é o tempo e o lugar em que as modificações podem ocorrer); autoatualização (o ser humano é um todo unificado que se autoatualiza). Em suma, a teoria da Gestalt-terapia é uma teoria que privilegia os processos, ou seja: o que mais importa é o relacionamento, é o "entre". A visão do Gestalt-terapeuta é uma visão voltada para a dinâmica que acontece em determinado momento da vida de uma pessoa. Para o Gestalt-

-terapeuta, é mais importante o "como" que o "o quê" ou o "porquê". Além disso, o "entre" é o lugar privilegiado pelo olhar gestáltico. Dessa maneira, importa entender o ser humano como um ser em relação. Um ser em relação consigo mesmo, com o mundo que o rodeia, com suas possibilidades e potencialidades existenciais. Um organismo em relação com o mundo.

Dentre os tantos conceitos que fundamentam a abordagem gestáltica, dois me parecem essenciais e imprescindíveis: contato e *awareness*. Esses dois conceitos, além de imprescindíveis, são inseparáveis, como o amor e a esperança – não há *awareness* sem contato, não há bom contato sem *awareness*. Tanto contato como *awareness*, dada sua importância, são conceitos cuja tradução em palavras é difícil.

Para Frazão (1999, p. 28)

> *awareness* é a capacidade de aperceber-se do que se passa dentro e fora de si no momento presente, tanto em nível corporal quanto em nível mental e emocional. É a possibilidade de perceber, simultaneamente, o meio externo e interno, através de recursos perceptivos e emocionais, embora em um determinado momento alguma coisa possa se tornar mais proeminente.

Segundo Cardella (1994, p. 68), *awareness* é o "processo de estar em vigilante contato com o evento mais importante no campo indivíduo/meio, com suporte sensório-motor, cognitivo, emocional e energético. É o experienciar e saber o que (e como) estou fazendo agora".

O conceito de contato é um dos mais importantes na Gestalt-terapia, pois a experiência se dá na fronteira entre o organismo e seu ambiente, primordialmente a superfície da pele e os outros órgãos de resposta sensorial e motora. [...] Falamos do organismo que se põe em contato com o ambiente, mas o contato é que é a realidade mais simples e primeira. [...] Empregamos a palavra "contato" – "em contato com" os objetos – como subjacente tanto à *awareness* sensorial como ao comportamento motor. (PHG, 1997, p. 42)

Esclarecendo a importância do conceito de contato para a abordagem gestáltica, encontramos em PHG (p. 44) a afirmação de que "o contato é a *awareness* da novidade assimilável e o comportamento com relação a esta novidade assimilável; e a rejeição da novidade não-assimilável. Aquilo que é difuso, sempre igual, ou indiferente, não é um objeto de contato".

PHG esclarecem ainda mais:

contato, o trabalho que resulta em assimilação e crescimento, é a formação de uma figura de interesse contra um fundo ou contexto de campo organismo/ambiente. A figura (*Gestalt*) na *awareness* é uma percepção, uma imagem ou *insight* claros e vívidos; no comportamento motor, é o movimento elegante, vigoroso, que tem ritmo, que se completa etc. Em ambos os casos, a necessidade e energia do organismo e as possibilidades plausíveis do ambiente são incorporadas e unificadas na figura. (p. 45)

Para Polster e Polster (1979, p. 104), é na fronteira de contato que a pessoa "experiencia o 'eu' em relação àquilo que não é 'eu' e, através desse contato, ambos são experienciados de uma forma mais clara. [...] O risco da perda da identidade ou de separação é inerente ao contato. Nisto reside a aventura e a arte do contato". Veras (2005, p. 71) fala de três qualidades de contato – o contato intrapessoal, o interpessoal e o transpessoal –, querendo dizer que contatamos com nosso mundo interior, incluídos aí nosso corpo e nossas fantasias, contatamo-nos com o meio do qual fazemos parte e também temos a possibilidade do contato com o sagrado, com o mistério, com aquilo que está no campo de nossa religiosidade e que, entendo eu, de certa forma, abrange o contato intrapessoal e o contato interpessoal.

No que diz respeito mais explicitamente à terapia gestáltica, afirma Ginger (1995, p. 65) que, "para Perls, a Gestalt pode ser resumida em quatro palavras (que rimam, em inglês): '*I and Thou, How and Now*' [Eu e Tu, Agora e Como]". Segundo Laura Perls (in: Yontef, 1998, p. 31),

> o objetivo da Gestalt-terapia é o *continuum* de *awareness*, a formação continuada e livre de Gestalt, por meio da qual aquilo que for o principal interesse e ocupação do organismo, do relacionamento, do grupo ou da sociedade se torne Gestalt, que venha para o primeiro plano, e que possa ser integralmente experienciado e lidado (reconhecido, trabalhado, selecionado, mudado ou jogado fora etc.) para que então possa fundir-se com o segundo plano (ser esquecido, ou assimilado e integrado) e deixar o primeiro plano livre para a próxima Gestalt relevante.

Polster e Polster (1979, p. 105) também colocam como função da psicoterapia "guiar as pessoas a uma recuperação das suas funções de contato", o que deixa claro que podemos correlacionar saúde com boa capacidade de contato. Ribeiro (1995, p. 41-2) completa esse raciocínio:

> O contato pleno envolve três subsistemas do nosso organismo: o sensorial, o motor e o cognitivo. [...] Na razão em que se integram, a qualidade do contato fica mais definida, mais nutritiva e transformadora. [...] Psicoterapia significa facilitar um processo pessoal, no qual essas funções coexistem e trabalham harmoniosamente.

Juliano (1999, p. 113), uma das mais importantes Gestalt-terapeutas brasileiras, lembra-nos que "a palavra Terapia vem do grego *Therapeia* e significa fazer o trabalho dos deuses, ou estar a serviço dos deuses, ou, ainda, a serviço do Todo". Nesse "trabalho a serviço dos deuses", há, fundamentalmente, cinco fases, ainda segundo Juliano (1999, p. 67): a hospedagem do cliente; a libertação da expressão; a restauração do diálogo; a reconstrução da história pessoal; e a busca da história humana, passando pelo território do sagrado. Uma das formas de se fazer a passagem por essas cinco fases é o trabalho de curta duração com base na abordagem gestáltica, tema sobre o qual me debruçarei no decorrer deste livro.

2.

A Gestalt-terapia de curta duração – reflexões para a prática clínica

O critério de um tratamento bem-sucedido é a obtenção daquela quantidade de integração que facilite seu desenvolvimento ulterior.
Fritz Perls

A partir de agora, nosso tema será a psicoterapia de curta duração baseada na abordagem gestáltica, ou Gestalt-terapia de curta duração. Começarei esboçando um corte transversal da psicoterapia de curta duração; posteriormente, definirei o que entendo por psicoterapia de curta duração de base gestáltica no corpo deste trabalho. Uma vez definida a psicoterapia de curta duração de fundamentação gestáltica, estudarei algumas de suas principais particularidades. Os aspectos que aprofundarei serão os seguintes: a) os objetivos da Gestalt-terapia de curta duração, seus

34 • Ênio Brito Pinto

limites e usos; b) as estratégias terapêuticas básicas para esse trabalho; c) o foco; d) o diagnóstico; e) a relação terapêutica; f) algumas das características especiais do trabalho com psicoterapia de curta duração.

Alguns aspectos transversais da psicoterapia de curta duração

Se não há como pensarmos em aspectos históricos da psicoterapia sem passarmos por Freud, igualmente não é possível tratarmos de aspectos transversais da psicoterapia de curta duração sem começarmos por Freud e por sua ideia de que o tratamento psicoterápico deveria ser longo, uma ideia que aparece em Freud após muitas reflexões. A princípio, ele acreditava que o tratamento demorava por causa das resistências difíceis de serem vencidas, principalmente a resistência que ele chamou de "reação terapêutica negativa", recaídas por parte do paciente, que Freud atribuía à ação de um sentimento inconsciente de culpa, relacionado à percepção da melhora. Tentando encontrar saída para a demora do tratamento psicanalítico, Freud decidiu, no caso do "Homem dos Lobos", tomar uma medida ativa e determinar, já de início, a data de fim do tratamento:

> Decidi, não sem antes calcular a oportunidade, que o tratamento deveria terminar em um prazo determinado, qualquer que fosse a fase a que ele tivesse chegado. Estava decidido a observar estritamente este prazo, e o paciente acabou por perceber a seriedade de meu propósito. Sob a implacável pressão desta data determinada, a resistência e sua fixação à doença acabaram cedendo, e a análise proporcionou, então, em um prazo desproporcionalmente breve,

todo o material, o que permitiu a resolução de inibições e a supressão dos sintomas do paciente. Dessa última época da análise, na qual desapareceu temporariamente a resistência e o enfermo dava a impressão de uma lucidez que geralmente só se consegue com hipnose, provêm todos os esclarecimentos que me permitiram chegar a uma compreensão de sua neurose infantil. (Freud, 1973, p. 1943)

O que chama a atenção nessas reflexões de Freud é o fato de ele não ter dado tanta importância ao que descreveu como sendo o fator gerador da melhora do paciente, a determinação de uma data inflexível para o término do tratamento. Como entender isso?

Segundo Gilliéron (2004, p. 27), Freud, naquele momento em que tratava do "Homem dos Lobos", não estava tão interessado nas modificações técnicas, e sim no aprofundamento de suas descobertas sobre a personalidade humana. Gilliéron afirma ainda que Freud, depois de ponderar sobre as sugestões de Ferenczi e Rank, os quais propunham um analista mais ativo no processo, rejeita veementemente essas ideias de seus colaboradores e insiste na necessidade de o analista manter-se "atemporal" para chegar mais perto do inconsciente do paciente. Essa sugestão de Freud data de 1920, ano importante para a psicanálise, pois é quando se delineiam praticamente duas correntes no movimento psicanalítico: uma, mais ortodoxa, voltada para as pesquisas metapsicológicas, atribuindo pouca importância à realidade externa; outra, mais técnica – cujos expoentes são, principalmente, Ferenczi e Rank, os quais, mais tarde, terão influência no trabalho de Perls –, que aprofundou o estudo da relação terapêutica.

É interessante notar que nessa época, e até o fim da Segunda Grande Guerra, nos Estados Unidos, a psicologia estava muito mais voltada para o desenvolvimento da psicometria do que da psicoterapia, de modo que predominavam a classificação de reações ou de sintomas e o relacionamento de traços e de fatores da personalidade, ou seja, buscava-se muito mais conhecer e quantificar a personalidade do que desenvolver maneiras de intervir na vivência humana.

Da corrente psicanalítica de orientação mais prática surgiram, dentre os fundadores da Sociedade Psicanalítica de Viena, alguns dos mais importantes dissidentes de Freud: Adler (que busca um trabalho analítico mais centrado no consciente do que no inconsciente, mais centrado nos conflitos atuais do que nos infantis, perspectiva que influenciará profundamente o trabalho de Perls e de seus seguidores), W. Steckel (que propôs uma técnica parecida com a de Adler e pretendia evitar uma infantilização dos pacientes, chegando mesmo a dizer que somente os tratamentos de curta duração tinham possibilidade de sucesso), Jung (que buscava maior atividade do terapeuta, maior interesse pela situação atual do paciente, além de propor o trabalho face a face, a diminuição da frequência das sessões, a busca de evitar a regressão do paciente durante o processo terapêutico).

Com relação especificamente a Adler, convém lembrar que uma das mais importantes influências colhida pelo casal Perls veio de Adler, cujas concepções "do estilo de vida e do eu criador apoiaram a participação única e ativa de cada indivíduo que – no curso de sua evolução pessoal – entalha a sua natureza específica" (Ribeiro, 1985, p. 21).

Segundo Ribeiro, Adler ressaltou para os psicoterapeutas a importância da superfície da existência, que é, para a Gestalt-terapia, "o plano do foco preordenado, a própria essência do homem psicológico. É nesta superfície que existe a consciência, dando à vida sua orientação e seu significado. Vem de Adler a influência para que, em Gestalt-terapia, acreditemos 'que o homem cria a si mesmo'".

Além desses, e posteriores a esses, podemos colocar também Sandor Ferenczi e Otto Rank como dois dissidentes de Freud e importantes teóricos da psicoterapia de curta duração, embora a posição de Ferenczi tenha sido muito diferente, já que suas pesquisas eram essencialmente relativas à técnica e ele não confrontou nenhuma das concepções freudianas. Quanto a Rank, sua dissidência se deve à defesa do conceito de *will-therapy* (terapia da vontade), algo muito parecido com um dos critérios fundamentais para a indicação da psicoterapia de curta duração, a motivação para mudar. Além disso, Rank foi outro dos principais influenciadores do trabalho de Perls, pois grande parte da orientação humanista da Gestalt-terapia se deve a algumas influências sofridas de Otto Rank, que acreditava que a primeira luta humana é aquela pela individuação pessoal, o que se tornou também uma das preocupações centrais da Gestalt-terapia. A ideia da resistência vista como criativa e como facilitadora de uma nova organização pessoal também advém de Rank e é capital na Gestalt-terapia. A resistência não deve ser combatida, mas sim trazida à consciência do cliente e respeitada como um limite do seu agora.

Ainda no que diz respeito aos aspectos transversais da psicoterapia de curta duração, há de se ressaltar a importância de Franz Alexander e de Thomas M. French, continuadores de Ferenczi e Rank e autores do livro *Terapêutica psicanalítica* (1946), marcante na história das psicoterapias breves. Os dois defendiam uma postura claramente ativa por parte do psicoterapeuta, o qual deveria ficar presente e atento ao específico de cada momento do processo terapêutico a fim de evitar regressões excessivas, as quais podem ampliar a dependência e as resistências do cliente, prolongando desnecessariamente a psicoterapia.

Além disso, é importante destacar Alexander, autor do conceito de *experiência emocional corretiva*, a busca de mudança no paciente por meio da exposição, em circunstâncias mais favoráveis, a situações emocionais semelhantes àquelas que ele não pôde resolver adequadamente bem no passado. Alexander defendia que a recuperação de lembranças reprimidas se devia a uma maior integração egoica derivada da revivência de situações conflitivas em um novo padrão relacional, proporcionado pela atitude do terapeuta e/ou por situações de vida. O progresso, então, dependeria de circunstâncias diferentes daquelas que teriam originado a adaptação neurótica. Mais adiante, comentarei como pode ser entendida essa *experiência emocional corretiva* do ponto de vista gestáltico.

Mais tarde, enquanto nos Estados Unidos, a partir dos anos 1950, a busca da compreensão da dinâmica dos processos de ajustamento substitui a fase de descrições e rotulações, ou seja, em substituição aos testes, aos estudos de casos e aos rótulos do diagnóstico psiquiátrico, aparece um interesse maior pelos processos terapêuticos, pela procura de meios e de processos por meio dos quais se poderia ajudar as pessoas – o que levou a descobertas de recursos terapêuticos mais efetivos –, no campo da psicanálise surgem dois grupos que estudaram com maior profundidade a psicoterapia psicodinâmica breve: um da Clínica Tavistok (Londres) e outro do Hospital Geral de Massachusetts (Boston). No primeiro grupo, destacam-se Michael Balint (que propõe o nome de *psicoterapia focal* para sua técnica, baseada na posição face a face, na atitude ativa do terapeuta, o qual procura manter a focalização sobre os elementos da hipótese psicodinâmica de base) e, posteriormente, David Malan. No segundo grupo, o destaque é Peter E. Sifneos, criador da *psicoterapia breve provocadora de ansiedade*, uma abordagem na qual, a princípio, o paciente escolhe a dificuldade emocional que lhe parece prioritária; a seguir, o terapeuta, depois de estudar a vida do paciente, formula uma hipótese psicodinâmica com o fito de compreender os conflitos emocionais ligados àquela dificuldade. Ainda no campo da psicanálise, há de se destacar James Mann, psicanalista que criou a *psicoterapia de tempo limitado*. Mann chamou a atenção para as vantagens do trabalho com número certo de sessões, o qual se aproximaria mais da prescrição médica típica, desejável pelo cliente em suas expectativas infantis (Yoshida, 1990, p. 16-22).

Nessa abordagem transversal da psicoterapia de curta duração, encontramos destaque também para outros autores, como Small (1972), Binswanger (1912) e Tannenbaum (1913). Segundo Ferreira-Santos (1997, p. 25), os trabalhos desses autores, notadamente o de Alexander e o de Malan, trazem uma mudança fundamental de atitude no processo psicoterapêutico, pois há uma transformação no núcleo da questão, trocando-se a ênfase na teoria pré-estabelecida, pelo olhar mais atento à pessoa e às suas necessidades, raciocínio tão rente à Gestalt-terapia de hoje. Quanto aos trabalhos mais recentes, é importante salientar as interessantes teorias winnicottianas sobre a consulta terapêutica. Há de se citar também alguns autores argentinos, com destaque para Fiorini, Kusnetzoff, Knobel e Braier, e alguns artigos de revistas, lembrando que a base desses trabalhos é a psicanálise, como, de resto, esta é a base da maioria dos estudos sobre terapia de curta duração a que temos acesso no Brasil. Desses trabalhos, impressionaram-me muito os escritos por Gilliéron, os quais trazem uma perspectiva bastante interessante sobre a psicoterapia breve. Na busca da conceituação da psicoterapia breve no Brasil, destacam-se, dentre outros, os nomes de Ferreira-Santos e Lemgruber, além do de Riad Simon.

Mas não é só na psicanálise que se pode encontrar referência a trabalhos de curta duração. Se não nos ativermos ao nome "psicoterapia breve" e se nos ativermos ao espírito do trabalho e a seus fundamentos mais básicos e importantes, em outras abordagens encontraremos estudos que buscam a abreviação com eficiência do tratamento psicoterápico. Importantes nesse sentido são os trabalhos de Carl Rogers sobre o aconselhamento psicológico. Acerca do trabalho de Rogers, Santos (1982, p. 7) comenta que "o aconselhamento é um método de assistência psicológica destinado a restaurar no indivíduo suas condições de crescimento e de atualização, habilitando-o a perceber, sem distorções, a realidade que o cerca e a agir, nessa realidade, de forma a alcançar ampla satisfação pessoal e social". Para

Rogers, o aconselhamento psicológico pode ser aplicado quando a pessoa depara com problemas emocionais, patológicos ou não. Esse tipo de trabalho tem como característica fundamentar-se em uma relação permissiva, estruturada de maneira delimitada, a qual dará oportunidade para o cliente compreender-se e, por causa disso, tomar decisões e comportar-se sob novas perspectivas, baseadas na reorganização de seu campo perceptual.

Além de Rogers, o campo da psicoterapia de curta duração deve muito a Rollo May, um dos mais importantes teóricos do aconselhamento psicológico. Ainda nos Estados Unidos, Vincent O'Connell, Gestalt-terapeuta com relevante trabalho sobre psicoterapia de crise, merece destaque. No Brasil, Raquel Lea Rosenberg e seu grupo na USP foram dos que mais desenvolveram estudos sobre os métodos e técnicas de aconselhamento psicológico. Também na USP, destaca-se o nome de Yolanda Forghieri. Na Gestalt-terapia brasileira, ressalto o trabalho de Jorge Ponciano Ribeiro, para quem "novas formas de psicoterapia se impõem, exigindo, sem perder a qualidade, respostas adequadas às necessidades imediatas das pessoas" (Ribeiro, 1999, p. 9).

É de Ribeiro (1999) o nome "Gestalt-terapia de curta duração", do qual me utilizarei doravante. Esse nome retrata uma maneira de trabalhar à qual darei algumas contribuições a seguir, não sem antes lembrar que, para mim, não cabe ao trabalho que proponho o termo *breve*, uma vez que, parece-me, esse termo está bem consolidado e bem estudado pela psicanálise, tornando-se quase um patrimônio daquela abordagem psicológica. Como entendo que o trabalho aqui proposto tem diferenças fundamentais em relação ao trabalho psicanalítico – embora não negue sua importância e seu papel de base histórica –, e também como entendo que clareia melhor as peculiaridades da abordagem gestáltica quanto ao tema o uso do termo *psicoterapia de curta duração*, ou, melhor ainda, *Gestalt-terapia de curta duração*, essa será a nomenclatura que usarei doravante para caracterizar meu trabalho nos moldes que desenvolvo nestas discussões. Penso que assim delimito melhor o campo sobre o qual reflito e que fundamenta minha prática clínica.

3. A Gestalt-terapia de curta duração

Se formos usar a nomenclatura proposta por Santos (1982, p. 13), a Gestalt-terapia é o que poderíamos chamar de uma abordagem centrada no contexto pessoal, pois é importante para a Gestalt-terapia a pessoa que tem um problema, muito mais que o problema que a pessoa tem. Isso é coerente com a visão de Ribeiro, com a qual comungo, acerca da Gestalt-terapia de curta duração: "Na nossa perspectiva, [...] a vida da pessoa, como realidade total emergente, passa a ser figura" (Ribeiro, 1999, p. 14). A fim de alcançar maior clareza, para chegar a um conceito o mais abrangente possível acerca do que se pode caracterizar como Gestalt-terapia de curta duração, quero, antes, deter-me em delimitar um pouco mais claramente o conceito de psicoterapia.

A psicoterapia

Quando pensamos em algumas delimitações do campo da psicoterapia, vemos que se trata, grosso modo, do encontro de duas pessoas, o terapeuta e o cliente, com o propósito de compreender a vida vivida do cliente visando facilitar a recuperação da qualidade do contato, da vivacidade, do ritmo e da abertura do cliente para a vida. A psicoterapia favorece alternativas para avaliar pontos de vista, percepções e posturas que afetam os sentimentos e o comportamento do cliente. Antes de tudo, a psicoterapia é um procedimento dialético e dialógico, é um processo de diálogo entre interlocutores comprometidos profundamente com a busca da melhor configuração para uma dessas pessoas, o cliente. Especificamente na Gestalt-terapia, em função do procedimento dialético e dialógico, o terapeuta tem de sair de seu anonimato e colocar a si mesmo, reciprocamente àquilo que exige do cliente.

Bellak e Small (1980, p 29) lembram que a psicoterapia é não só uma interação verbal, mas, talvez até principalmente, também uma interação simbólica entre terapeuta e cliente. Há, para essa interação, uma série de conceitos ordenados e integrados, que a dirigem para uma mudança benéfica no cliente.

É preciso clareza, em um processo terapêutico, com o que se pode entender por "mudança benéfica", uma vez que há muitos e muitos critérios pelos quais se pode definir o que é benéfico a uma pessoa. Esses critérios dependerão, em grande parte, da visão de homem da abordagem que fundamenta e orienta o olhar do terapeuta. Em Gestalt-

-terapia, isso não pode ser diferente: a partir da visão de homem peculiar à abordagem gestáltica, e que já desenvolvi em outro trabalho (Pinto, 2007), pode-se depreender um conceito de saúde que seja aceitável como orientação para a postura do Gestalt-terapeuta quando a serviço de seu cliente. Entendo, como Ciornai (1989, p. 3), o funcionamento saudável como a possibilidade de a pessoa viver um fluxo ritmado e energizado de *awareness* e de formação figural por meio do qual possa interagir criativamente consigo e com seu meio, utilizando-se ao máximo de seus recursos internos e dos recursos do ambiente para lidar criativa e apropriadamente com o mundo, discriminando os contatos mutuamente enriquecedores e satisfatórios daqueles que são tóxicos e prejudiciais. No dizer de Perls, Hefferline e Goodman (p. 107), a pessoa sadia é aquela que se apossa plenamente do "direito de sentir-se em casa no mundo", com a responsabilidade que é a contraparte desse direito.

A psicoterapia é um processo aventuresco tanto para o terapeuta quanto para o cliente. Para o terapeuta, a aventura maior é poder compartilhar da mais profunda intimidade com o outro, é poder viver uma relação fundamentalmente baseada na confiança, uma relação na qual o papel do terapeuta é bastante delimitado: colocar-se a serviço do outro, sem expectativas, isto é, sem ter modelos prontos para lhe oferecer, mas em busca de favorecer ao cliente uma experiência de autenticidade o mais plena possível. Para o cliente, o risco da psicoterapia é conhecer-se mais profundamente e, por isso e para isso, experimentar novos sentimentos, novos comportamentos, o incremento e o apossamento da autonomia e da liberdade. Paradoxalmente, a aventura maior do cliente em terapia é mudar para tornar-se aquilo que é (Beisser, 1977, p. 110). Voltarei a essa proposta de Beisser mais adiante.

A psicoterapia não é um processo de aprendizagem, não é um lugar onde o cliente vá *aprender* sobre si, mas, antes, processo de exploração do mundo e de autoexploração pelo qual o cliente vai *descobrir* sobre si, através de seus sentidos e de sua *awareness*. Descobrir quer seja sobre suas belezas, quer seja sobre suas tragédias, sobre sua luz e sobre sua sombra. Ao terapeuta cabe apontar as pontes e os caminhos, os abismos e as florestas por onde pode acompanhar seu cliente na aventura de conhecer-se. Mas não cabe ao terapeuta escolher caminhos para o cliente, uma vez que o caminho é singular para cada um. A postura do terapeuta humanista se define principalmente por ele não ter um *a priori* para seu cliente, não ter um lugar aonde quer conduzi-lo, embora esse terapeuta possa ter uma delimitação, necessariamente ampla e suficientemente vaga, do que entende como funcionamento saudável, conforme frisei anteriormente.

Em uma abordagem humanista da psicoterapia, como a Gestalt-terapia, a postura do terapeuta deve encontrar uma analogia muito profunda na postura do guia xerpa[1], como bem destacou Maria Constança Bowen (in: Santos, 1987, p. 58-60). Para ela, essa postura tem quatro características básicas: 1) é o cliente quem escolhe seu destino

---

1 "Do ing. *sherpa* (1847), do tibetano *sharpa* 'habitante de um país oriental', palavra internacionalizada com a conquista do Anapurna (1950) e depois do Everest (1953), nas quais se mostraram imprescindíveis guias desse povo, por suas qualidades de montanhistas e seu conhecimento da região" (*Houaiss*, dicionário eletrônico).

e seu caminho, cabendo ao terapeuta mostrar trilhas não notadas, respeitando o direito de o cliente escolher se as seguirá, ou não, com exceção dos momentos em que algum risco iminente obrigue o terapeuta a se impor; 2) por sua experiência e por seus estudos, o terapeuta conhece suficientemente bem a região, mesmo que não conheça as trilhas pessoais de seu cliente, o que lhe possibilitará facilitar para o cliente descobertas de fenômenos pouco visíveis, apontar conhecimentos disponíveis mas pouco ou nada utilizados, encorajá-lo em escolhas difíceis, prevenir perigos, denunciar belezas, sugerir ritmo; 3) compartilhar as conquistas e dividir os pesos na caminhada; 4) sentir, manifestar e incentivar a fé e a consequente segurança em que aquela jornada tem sentido.

Como o ser humano é essencialmente abertura, é essencialmente aberto diante do que vem a seu encontro no seu mundo, também o processo psicoterapêutico deve ser um processo suficientemente aberto para acolher e incentivar a abertura de seu cliente. A fim de que a psicoterapia possa ser esse processo suficientemente aberto, é preciso lembrar que não cabe para ela uma definição estreita sobre cura ou saúde psíquica, pois isso significaria fechamento ao novo e ao criativo. Cabe, como já disse, uma delimitação, necessariamente ampla e suficientemente vaga, do que se entende como funcionamento saudável, de modo que o terapeuta não se proponha a fazer um conserto em seu cliente, e sim a compor com ele um concerto que vá ajudá-lo a encontrar um melhor ritmo na vida. Então, não se trata de buscar eliminar comportamentos errados ou buscar determinados jeitos de ser como ideais, mas de possibilitar ao cliente a composição da melhor configuração que possa obter no desenvolvimento de seus potenciais a cada circunstância vivida.

Essa psicoterapia-concerto não é, de forma alguma, um encontro sem finalidade, sem métodos e sem técnicas, fundamentado apenas e tão-somente no encontro entre duas ou mais pessoas, terapeuta e cliente ou clientes. O que se espera desse tipo de terapia, mesmo quando se trata de psicoterapia de curta duração, é que o terapeuta não tenha, de maneira apriorista, um lugar aonde o cliente deva ir, mas que o terapeuta possa, utilizando-se de uma abordagem psicológica que oriente seu olhar e seu fazer, acompanhar o cliente para o lugar que lhe cabe confortavelmente e que lhe é possível nesse momento. Na psicologia humanista, e também na Gestalt-terapia, os métodos e as técnicas partem da premissa de que a pessoa, um organismo total, tem características próprias, dadas e desenvolvidas, *nature* e *nurture*, que tomam uma configuração única e irrepetível, como discutiremos quando tratarmos do diagnóstico em Gestalt-terapia de curta duração. A psicologia humanista, então, objetiva o bem--estar individual, compreendendo o ser humano como um ser social que luta sempre em busca da conciliação íntegra entre si e sua sociedade, em um processo ininterrupto de mútuo crescimento no qual a busca pessoal é pela ampliação de sua autonomia. É por isso que o trabalho terapêutico fundamental baseia-se na criação de um clima e de uma relação de tal sorte facilitadores, que possibilitem ao cliente ser o que é, levando em conta, mas não obedecendo necessariamente, o que o outro deseja que ele seja. Ao conseguir se experimentar diferente, mais autêntico e autônomo na terapia, é muito maior a probabilidade de que o cliente se experimente diferente, mais autêntico e autônomo em seu cotidiano, transformando-o. Comentarei mais sobre isso quando falar do que chamo de *experiência emocional atualizadora*.

Assim, doravante, quando me referir à psicoterapia, estarei tratando de um encontro e de um entendimento entre duas pessoas, delimitado por certas regras e circunstâncias, que têm como propósito facilitar a uma dessas pessoas, o cliente, o re-encontro de sua abertura perante a vida, o novo, a autonomia, a liberdade, enfim, a realização como ser humano, a sensação de estar-se vivo, real e podendo comunicar-se com o mundo de forma igualmente real e baseada em uma nova compreensão de si e do mundo. Essa nova compreensão alcançada no processo terapêutico traz como consequência a possibilidade de abandonar a compreensão anterior, a qual, por ser cristalizada, tornara-se impedidora do crescimento. A ideia central é que o propósito maior da psicoterapia consiste em facilitar ao ser humano a descoberta de que viver é o melhor processo terapêutico que pode existir.

A psicoterapia de curta duração

Além da capacidade de se apoiar em diferentes correntes teóricas, o que lhe configura diferentes propósitos e diferentes técnicas, a psicoterapia pode ainda ser caracterizada por alguns critérios. Um desses critérios é o tempo de duração do trabalho terapêutico, o que nos permite pensar em psicoterapia de curta duração. Nesta modalidade de psicoterapia, pode-se pensar em uma diferenciação entre três tipos de intervenção breve ou brevíssima (Yoshida, 1990): o atendimento de urgência, a intervenção na crise e a psicoterapia de curta duração propriamente dita, que alguns teóricos também chamam de aconselhamento psicológico, embora aí a unanimidade esteja muito distante.

O *atendimento de urgência* tem caráter imediato e serve para proteger o cliente ou pessoas de seu relacionamento que correm riscos por causa de seu desequilíbrio, buscando também facilitar a retomada do contato do cliente com a realidade.

Na *intervenção na crise*, o que se pretende é favorecer em poucos contatos a retomada do equilíbrio, se possível um equilíbrio melhor que o existente antes da eclosão da crise, ou mesmo a busca do fortalecimento da coragem para enfrentar alguma situação difícil e inadiável, como em algumas atuações dos psicólogos em hospitais, notadamente em centros cirúrgicos. Aqui não há o estado de urgência, e sim pouquíssimos encontros com o cliente em um tempo diminuto. Há muitos e muitos autores que se dedicam ou se dedicaram a essa modalidade de trabalho.

Na *psicoterapia de curta duração propriamente dita*, busca-se melhorar o ajustamento do cliente. Mais que nas outras modalidades de atendimento breve ou brevíssimo, aqui o referencial teórico do terapeuta será decisivo na maneira de conduzir o trabalho.

A psicoterapia de curta duração tem por finalidade oferecer ao cliente a possibilidade de vivenciar uma situação especial em um contexto relacional de aceitação e confiabilidade, no qual ele possa chegar a uma formulação pessoal do conflito e re-estruturar sua vivência frente a uma situação emocional antes dolorosa.

Knobel (1986, p. 45) diferencia terapia focal de terapia breve, afirmando que em uma psicoterapia breve podem-se trabalhar diversos focos ou conflitos, ao passo que em uma "terapia focal procura-se localizar uma determinada situação conflitiva que seria a determinante do sintoma ou da queixa do 'paciente'".

Aqui considerarei o que Knobel chama de terapia focal como uma maneira de fazer terapia de curta duração, considerando, como Lemgruber (1995), que a técnica da psicoterapia de curta duração está fundamentada na tríade *atitude, planejamento* e *foco* – ou seja, o foco é um dos aspectos da terapia de curta duração, conforme comentarei a seguir. Também tratarei mais adiante da atitude e do planejamento, mas quero já adiantar que, se em uma abordagem humanista, como a Gestalt-terapia, pode parecer estranho falar em planejamento de uma psicoterapia – uma vez que a proposta do trabalho humanista é de que a situação terapêutica prepondere sempre –, na psicoterapia de curta duração, faz-se necessária certa planificação sobre o trabalho, a fim de que se lide produtivamente com as questões relativas ao tempo disponível para a terapia, aos propósitos que se pretende atingir, aos caminhos que se pode seguir, às estratégias possíveis, dentre outras questões, a maioria das quais tratarei ao longo dessa discussão. Fundamental, nesse caso, é lembrar que o planejamento em psicoterapia de curta duração é feito pelo terapeuta *junto* com seu cliente, em prol da eficácia do trabalho psicoterapêutico, e que esse planejamento não é uma ordem a ser cumprida, mas uma linha de ação a ser observada criativa e flexivelmente.

Embora o nome "psicoterapia breve" tenha se tornado o mais comum para este tipo de trabalho, ele não traz uma ideia clara do tipo de psicoterapia a que se refere, pois dá a impressão de que a principal característica desse trabalho é uma delimitação temporal previamente determinada, o que não é verdadeiro. Ainda que a duração do trabalho possa de fato ser breve, o que realmente o caracteriza é ter *objetivos delimitados*. Como ensina Fiorini (1993, p. 12), o termo *breve* é equivocado, uma vez que o essencial desse tipo de trabalho é seu caráter multidimensional, não o tempo transcorrido. Além disso, esse termo pode sugerir pobreza ou escassez de recursos e perder de vista a riqueza de matizes próprios dessa forma de psicoterapia, que não deve ser desprezada. Segundo Fiorini, o termo *breve* "encobre, ademais, o fato de que se pode trabalhar eficazmente com esta modalidade terapêutica em lapsos não breves".

Lemgruber (1995, p. 18) também defende que a técnica de psicoterapia breve – e também a psicoterapia de curta duração, acrescento eu – deve ser definida não prioritariamente pelo tempo, mas por características que lhe são intrínsecas, das quais destaca a limitação de objetivos, a manutenção do foco, a alta atividade do terapeuta e a ênfase na intervenção imediata.

Para Ribeiro (1999, p. 17), o nome "psicoterapia breve" não é adequado, pois "a grande questão, a partir da qual se definirá psicoterapia breve, não deveria estar centrada na temática do tempo, mas na do método de ação, da relação que se estabelece dentro da pessoa e sua proposta de mudança, no ato de mudar-se e no tempo necessário para consegui-lo". Ribeiro continua, afirmando que o tempo não é critério para se verificar dificuldade de mudança, e sim as complexas relações entre vontade e poder, percepção e aprendizagem, e outras razões. Ele conclui: "A questão mestra da psicoterapia de curta duração não é o tempo em si, mas o que fazer, e como, dentro deste tempo".

Então, embora a psicoterapia de curta duração tenha algumas propriedades peculiares, tem também algumas propriedades que comunga com as psicoterapias de maneira geral, especialmente aquela que postula a necessidade de haver fundamento em uma teoria de personalidade, o que servirá para nortear o psicoterapeuta na busca de ajudar o cliente a ampliar seu autoconhecimento, condição essencial para que emerja diferente e enriquecido da crise vivida. Essa teoria de base terá como consequência uma maneira peculiar de abordar o processo terapêutico de curta duração e os procedimentos técnicos inerentes a esse processo, de modo que uma psicoterapia breve de fundamentação psicanalítica será necessariamente diferente de uma psicoterapia de curta duração de fundamentação psicodramatista, por exemplo. A Gestalt-terapia de curta duração, fundamentada, como é óbvio, na abordagem gestáltica, embora comungue em muitos aspectos com outras abordagens do trabalho de curta duração em psicoterapia, tem suas singularidades, algumas das quais comentarei a seguir, sem me furtar de comentar também as posturas e a prática clínica que a Gestalt-terapia de curta duração compartilha com outras abordagens em psicologia.

A Gestalt-terapia de curta duração encontra as outras abordagens da psicoterapia: aproximações e distanciamentos

Para Ribeiro (1999, p. 19-20), o nome *Gestalt-terapia de curta duração* engloba "as chamadas psicoterapia breve, de confronto, de intervenção em crise e de apoio". Ele justifica sua assertiva afirmando que a ação do terapeuta estará estreitamente vinculada à necessidade do cliente e à sua experiência imediata vivida. Com isso, Ribeiro quer dizer que os nomes não importam muito, sendo mais importante a atenção às demandas e necessidades daquele cliente naquele momento. Dizendo de outra forma, segundo Ribeiro, a caracterização do processo terapêutico depende muito mais de como terapeuta e cliente configuram a demanda do cliente do que do nome que o terapeuta dará a seu trabalho.

É Ribeiro (1999, p. 136) quem oferece uma primeira e sucinta definição para a Gestalt-terapia de curta duração individual, dizendo que se trata de um processo no qual se envolvem terapeuta e cliente com a finalidade de encontrar soluções imediatas de situações de qualquer ordem vivenciadas como problemáticas pelo cliente. Nesse processo, são utilizados "todos os recursos disponíveis, de tal modo que no mais curto espaço de tempo o cliente possa se sentir confortável para conduzir sozinho sua própria vida".

Entendo que quando o cliente se sente confortável para conduzir a própria vida, isso significa que ele conseguiu, em alguma medida, após o processo de terapia de curta duração, atualizar alguns de seus potenciais, lidar de forma mais espontânea e presente com seu momento atual, ampliar seu horizonte de futuro e confiar mais na exequibilidade de seus projetos existenciais renovados no processo terapêutico.

Assim, entenderei aqui a Gestalt-terapia de curta duração como um método de atendimento psicoterápico fundamentado na abordagem gestáltica, o qual visa atender às demandas do cliente a partir de limites e com propósitos diferentes daquele comumente praticado na Gestalt-terapia. Esses limites, geralmente expressos em termos do tempo de duração do processo terapêutico, não se resumem a questões estritamente temporais, mas, antes, são mais bem expressos por delimitações quanto à abrangência, à estratégia e aos objetivos do processo terapêutico. Essas delimitações trazem também diferenças, na comparação com a Gestalt-terapia de longa duração, na postura do psicoterapeuta gestáltico.

Esse estreitamento de limites, quando comparado com o trabalho de duração indeterminada, é comum a todas as formas de psicoterapia de curta duração, independentemente do referencial teórico no qual se apoie o terapeuta. Há muitos sentidos para esses limites, dos quais os mais destacados são, a meu ver, o limite de duração da psicoterapia e o limite das ambições terapêuticas, este último estreitamente associado ao limite determinado pelo foco.

Dizendo de outra maneira, podemos afirmar que o objetivo da Gestalt-terapia de curta duração é o mesmo do trabalho de longa duração, só que mais modesto. Se em um trabalho longo o propósito é acompanhar o cliente em mudanças em sua personalidade, aqui o trabalho é acompanhar o cliente em algumas mudanças em sua personalidade; se em um trabalho longo o propósito é facilitar ao cliente a ampliação de sua capacidade de discriminação, aqui o propósito é facilitar a ampliação de sua capacidade de discriminação no que diz respeito, ao menos a princípio, a um determinado e limitado campo; se em um trabalho de longa duração o propósito é a re-estruturação da personalidade, aqui o propósito é rearrumar áreas da personalidade; se em um trabalho de longa duração o propósito é curar o cliente, aqui o propósito é curar alguns sintomas; se em um trabalho de longa duração o propósito é encorajar o cliente a lidar com seu destino, aqui o propósito é encorajá-lo a lidar com alguns aspectos de seu destino; se em um trabalho de longa duração o propósito é ampliar sua capacidade de autoaceitação, aqui o propósito é ajudá-lo a ampliar sua autoaceitação no que se refere a algum aspecto específico; se em um trabalho de longa duração o propósito é libertar a pessoa, aqui o propósito é libertá-la de algumas e específicas correntes; se em um trabalho de longa duração o propósito é facilitar ao cliente lidar com a angústia, aqui o propósito é facilitar a lida com determinadas angústias; se, enfim, em um trabalho de longa duração o propósito é restaurar a qualidade do contato da pessoa consigo mesma e com seu mundo, aqui o propósito é restaurar o contato da pessoa com alguns aspectos de si e de seu mundo.

Em síntese: a diferença entre a Gestalt-terapia de curta duração e um trabalho gestáltico sem a preocupação com o tempo é, fundamentalmente, um estreitamento de limites. Esse estreitamento de limites se aplica, como já vimos, principalmente à duração e ao foco do trabalho terapêutico, o que tem sérias e importantes consequências em vários aspectos do processo psicoterapêutico, especialmente no que diz respeito à relação terapêutica, conforme comentarei adiante. Na maneira de trabalhar que proponho aqui, tenho tentado, com meus clientes, já nas primeiras sessões, demarcar o tempo que teremos para trabalhar e, assim que possível, o foco de figura e o foco de fundo que tomaremos como os mais importantes. Também mais adiante descreverei melhor como entendo e como lido com esses aspectos do foco.

Os objetivos das psicoterapias de curta duração

Quando se fala nos objetivos de uma psicoterapia de curta duração, fala-se de um tema controverso: em que casos e para quem indicar uma terapia de curta duração. Embora alguns autores coloquem limites, às vezes até bastante estreitos, quanto à população e aos quadros clínicos que se podem beneficiar, não existe uma indicação específica para a psicoterapia de curta duração, pois ela pode ser útil para todas as pessoas e para todos os quadros clínicos, com limitações inerentes a cada caso e diferentes das limitações da psicoterapia de longo prazo. Assim, tudo depende do objetivo da terapia, o que faz que a resposta a essa questão deva ser de responsabilidade tanto do terapeuta quanto do cliente.

No que diz respeito à seleção de clientes, penso, como Knobel (1986, p. 80), que a psicoterapia de curta duração pode ser útil para todas as pessoas, desde que se estabeleçam objetivos limitados, desde que, em cada caso, estabeleça-se claramente, desde o início do trabalho, com o que e como se quer e se pode lidar. Em alguns casos, por exemplo, é perfeitamente útil e aceitável trabalhar em psicoterapia de curta duração com um cliente psicótico ou com um drogadito com o fito de que ele aceite e assuma sua patologia e se submeta aos tratamentos e às tutelas que sua condição atual impõe. Para cada pessoa e para cada situação existencial vivida há uma possibilidade de ajuda, sempre limitada, por meio de uma psicoterapia de curta duração.

No que se refere mais estritamente aos objetivos da psicoterapia de curta duração, de maneira geral, pode-se atribuir a ela alguns objetivos específicos: retomada do equilíbrio pré-existente; superação de crise recente; superação de sintomas; facilitação de mudanças (as quais podem ser profundas, mas não necessariamente); melhorar o diálogo eu-mim (maior objetificação, melhor auto-observação), com a consequente ampliação do campo de consciência do cliente. Também para a Gestalt-terapia de curta duração esses objetivos são pertinentes, embora se possam encontrar nela maneiras diferentes de se lidar com tais objetivos, em comparação com as psicoterapias de curta duração mais tradicionais, como veremos mais adiante.

Comentarei brevemente cada um desses objetivos, lembrando que eles, embora sejam os mais comuns, não esgotam todos os objetivos possíveis para um trabalho psicoterapêutico nos moldes aqui discutidos. Também é importante realçar que esses objetivos nem sempre são claramente explicitados pelo cliente, cabendo ao terapeuta compreender a queixa trazida e, a partir disso, decidir, com o cliente, o melhor objetivo para o trabalho que se inicia. Além disso, cumpre também realçar que nenhum deles se esgota por si mesmo, pois em cada trabalho terapêutico há um amálgama de dois ou mais desses objetivos, com a predominância de um deles. Cumpre também notar que o terapeuta deverá compreender de maneira mais clara e profunda o significado de cada objetivo da psicoterapia de curta duração no campo existencial peculiar de seu cliente. Mais que tudo isso, no entanto, vale aqui o básico em relação aos objetivos de toda atividade psicoterapêutica: para além de se ocupar dos sintomas, o bom trabalho terapêutico, longo ou curto, termina com o cliente capaz de formar configurações mais amplas e mais flexíveis, com melhor capacidade para reconhecer e lidar com os sentimentos, mais tolerante com relação aos outros e aos limites do mundo, mais seguro, autoconfiante e com melhor autossuporte que no começo do trabalho.

A retomada do equilíbrio pré-existente

No que diz respeito à retomada do equilíbrio pré-existente, não raro é essa a demanda que traz os clientes até o consultório do psicólogo. Também não é raro que a queixa seja explicitada em um desejo de "voltar a ser o que era", ou mesmo, como me disse certa vez uma cliente: "Não quero mudar, não. Só quero sarar". A pessoa sente que há algo de errado na maneira como lida com a vida, sente que passa por uma situação de desconforto e que precisa fazer uma mudança, por isso procura a psicoterapia. O cliente entende que já viveu anteriormente um equilíbrio melhor e que pode voltar a tê-lo. Nesses casos há, de modo geral, um processo de desconforto que se instalou de maneira relativamente lenta, quase imperceptível. São exemplos disso algumas crises no casamento, um certo descuido com o corpo e com a saúde, o desejo de mudanças profissionais, a perda de alguns ideais, a sensação de não ter mais a mesma energia para as tarefas cotidianas, alguns mal-estares relacionados ao trabalho, além de outros exemplos. Em uma visão gestáltica, é importante ter presente a impossibilidade de que o cliente volte a ter o equilíbrio pré-existente; o sucesso de um trabalho psicoterapêutico está na possibilidade de que o cliente consiga um novo equilíbrio, diferente daquele anterior, quiçá melhor que aquele anterior.

A superação de crise recente

A busca da psicoterapia para uma superação de crise recente é mais comum depois que a pessoa passa por alguma situação mais traumática ou mais carregada emocionalmente, quer seja no sentido de importantes derrotas, quer no sentido de importantes vitórias, o que gera certo desequilíbrio e certa instabilidade até que o significado e o sentido do vivido sejam encontrados e um novo equilíbrio, alcançado. Importante aqui é notar que, assim como no caso anterior, a retomada de um equilíbrio pré-existente não se trata de conseguir a volta do equilíbrio anterior, mas um novo equilíbrio, de forma geral melhor que o anterior, mais realista, baseado em um novo nível de *awareness* e de liberdade. Esse tipo de pedido, a psicoterapia para superação de crise, é mais comum nos casos em que é necessária uma superação de um sofrimento causado por crise recente, a exemplo de casos de perdas dolorosas ou de graves ameaças à existência, como sequestros, acidentes automobilísticos, cirurgias mutiladoras, morte de pessoa significativa, separações conjugais, assunção de novas responsabilidades profissionais ou pessoais etc.

A superação de sintomas

A superação de sintomas é possivelmente um dos principais motivos de busca por uma psicoterapia de curta duração. Incluem-se aqui os casos de fobias, ansiedades, distúrbios alimentares, certos hábitos ou vícios danosos ao organismo, problemas sexuais, enfim, uma série de situações em que o cliente percebe que há algo de errado em sua vida e consegue localizar um foco para esse problema em alguma área da vida ou, mais comumente, em alguma área ou órgão corporal. Mais uma vez vale o lembrete: superado o sintoma, a pessoa emergirá diferente, um novo todo, não apenas o velho todo sem o sintoma que incomodava.

Aqui é preciso ter claro que o objetivo do trabalho terapêutico não será somente a cura do sintoma. Por meio do trabalho com o sintoma, procura-se também ouvir o que o sintoma tem a dizer, ou seja, verificar que áreas da vida ou dos potenciais da pessoa clamam por ser desenvolvidas, e ajudar o cliente a cuidar melhor desses aspectos de si e de sua vida. É bastante comum que a resolução do sintoma e a maior conscientização das áreas existenciais a ele correlacionadas gerem também mudanças em outras áreas da vida, caracterizando o fenômeno que Lemgruber denominou "efeito carambola", do qual tratarei mais adiante.

A facilitação de mudanças

Um objetivo da psicoterapia de curta duração pode ser a facilitação de mudanças, inclusive de mudanças profundas. A pessoa sente que precisa fazer algumas mudanças em seu jeito de ser e de lidar consigo mesma e com o mundo e procura a psicoterapia em busca de um caminho que facilite essas mudanças. No mais das vezes, nesses casos, o pedido do cliente vem por meio de uma dor ou de uma queixa que evidenciam a necessidade de mudança, evidenciam a necessidade de abertura para novos riscos e para novas posturas diante da existência. No meu modo de ver, facilitar essas mudanças para o cliente é o objetivo mais profundo e mais importante de um trabalho terapêutico de curta duração, é o objetivo que permeia todos os outros motivos de busca de psicoterapia, e é a área que maior atenção deve despertar para o Gestalt-terapeuta.

A maneira como a Gestalt-terapia entende a mudança que deverá ocorrer no cliente está fundamentada na teoria paradoxal da mudança, de Beisser (1977, p. 110-2), segundo a qual "a mudança ocorre quando uma pessoa se torna o que é, não quando tenta converter-se no que não é". Quando uma pessoa procura a psicoterapia desejando mudanças, ela está em conflito com, ao menos, duas "facções intrapsíquicas que se guerreiam. Ela está se deslocando constantemente entre o que 'deveria ser' e o que pensa que 'é', nunca se identificando plenamente com uma nem com outra". Para Beisser, "o Gestalt-terapeuta acredita em encorajar o paciente a penetrar e tornar-se seja o que for que ele estiver experimentando neste momento".

Ainda segundo Beisser, "a meta da terapia passou a ser não tanto o desenvolvimento de um bom e fixo caráter, mas a capacitação do indivíduo para mudar com o tempo, ainda que retendo alguma estabilidade individual". Alcançada essa mudança proposta por Beisser, a pessoa, em verdade, será outra, o que quer dizer que quando se caminha em direção a tornar-se o que se é, o que se alcança é um novo jeito de viver e de compreender a vida, a ponto de podermos dizer que, em um processo terapêutico bem-sucedido, mais do que mudar, o cliente se transforma em uma outra pessoa. Parte dessa abertura para tal transformação, uma parcela dessa capacidade de se renovar com o tempo, tem estreita relação com uma possibilidade de que o cliente alcance maior harmonia entre o que percebe que é e o que pensa que deveria ser.

A melhora do diálogo eu-mim e a ampliação do campo de consciência

É básico para a psicologia fenomenológica que o homem, ao tecer sua história, fundamenta-se na consciência de si e do seu mundo. Grande parte dessa consciência pode ser ampliada pela melhora no diálogo eu-mim, ou seja, pela conquista de uma maior auto-observação, fruto de uma melhor e mais fluida capacidade para ser sujeito e objeto de si mesmo. A ampliação do campo de consciência do cliente é um objetivo das psicoterapias de curta duração profundamente enlaçado com a melhora no diálogo eu-mim. Essa ampliação do campo de consciência, na verdade uma ampliação da *awareness*, significa facilitar ao cliente a obtenção de mais subsídios para que compreenda a si e ao mundo que habita de maneira mais profunda que aquela proporcionada apenas pelo senso comum. Significa facilitar ao cliente o acesso a correlações e percepções que o coloquem em contato mais profundo e mais respeitoso com a complexidade de sua existência ou, dizendo de outro modo, significa colocar o cliente diante da possibilidade de compreensão de que, como afirma Morin (2000, p. 17),

> o humano é, ao mesmo tempo, indivíduo, parte da sociedade, parte da espécie. Carregamos em nós esta tripla realidade. Desse modo, todo desenvolvimento verdadeiramente humano deve compreender o desenvolvimento conjunto das autonomias individuais, das participações comunitárias e da consciência de pertencer à espécie.

4. Estratégias terapêuticas básicas

O dicionário eletrônico *Houaiss* define estratégia como a "arte de aplicar com eficácia os recursos de que se dispõe ou de explorar as condições favoráveis de que porventura se desfrute, visando ao alcance de determinados objetivos". Com base nisso, a estratégia em um processo psicoterapêutico de curta duração fundamentado na abordagem gestáltica deve colocar ênfase em alguns pontos mais importantes para a aplicação dos recursos disponíveis na situação terapêutica. Os pontos que me parecem mais importantes, e aos quais darei maior atenção agora, são os seguintes: ênfase do olhar e do experienciar do terapeuta na situação; cuidado, ao olhar o cliente, quanto ao modelo de compreensão (se um modelo de psicopatologia de conflito e defesa ou um modelo desenvolvimentista); orientação humanista do trabalho; clareza quanto à visão de homem implícita na postura do terapeuta; cuidado com o diagnóstico como indicador de caminho; atenção a como delimitar o foco (definir o foco *junto com* o cliente, após o diagnóstico, lembrando que o tempo é o tempo do cliente, um período que, no mais das vezes, não é claramente determinável a princípio); a psicoterapia fora do consultório (tarefas para casa, manutenção do vínculo terapêutico).

A situação terapêutica

O primeiro e mais importante recurso de que dispõe o psicoterapeuta em um atendimento de curta duração é a situação terapêutica. O campo da psicoterapia é a situação, de modo que falar do campo em psicoterapia é falar da situação terapêutica. Para Perls, Hefferline e Goodman (PHG, 1997, p. 36),

> a situação terapêutica é mais do que somente uma ocorrência estatística de um médico mais um paciente. É o *encontro* de médico e paciente. O médico não será um bom terapeuta se for rígido e insensível às necessidades específicas de uma situação terapêutica que está sempre mudando. [...] [O médico] Não é um terapeuta se se recusa a ser parte dos processos em andamento na situação psiquiátrica. Do mesmo modo, o comportamento do paciente é ditado por muitas variáveis da entrevista, e somente os 100% rígidos ou dementes (esquecidos do contexto no qual operam) comportar-se-ão no consultório como se comportam fora dele.

Continuando, PHG descrevem a situação terapêutica como diretamente derivada da *interação* do organismo com o ambiente, e não os dois, organismo e ambiente, tomados em separado. Cada um deles, organismo e ambiente, tomado em separado, não diz respeito à psicologia, mas a ciências como a geografia e a fisiologia, dentre outras, de modo que "nem o entendimento pleno das funções organísmicas, nem o melhor conhecimento do ambiente (sociedade etc.) abrange a situação total" (PHG, 1997, p. 37). Esse raciocínio de PHG me parece genial! De um alcance ainda pouco percebido em Gestalt-terapia, tal sua sutileza. O que os autores dizem é que nós, terapeutas, estamos de tal modo imersos na situação terapêutica, que praticamente nos é impossível compreender o cliente fora desse limite. Posso imaginar o cliente fora da situação terapêutica, posso pensar teoricamente sobre ele, posso fazer um diagnóstico que me auxilie a ajudá-lo mais rapidamente, mas a compreensão mesmo, o cerne do processo terapêutico, só se dá na situação terapêutica, no encontro aventuresco entre terapeuta e cliente, *entre* essas duas pessoas, *aqui-e-agora*, abertas ao novo.

Para facilitar que o cliente recobre sua *awareness* total, a abordagem gestáltica toma a situação clínica como uma situação experimental (PHG, 1997, p. 37). Isso quer dizer que é preciso que o terapeuta se engaje na situação terapêutica, que ele se lembre de que, se é a experiência de cada situação vital que possibilita o sentimento da própria existência e da existência do outro e do ambiente, isso igualmente é válido para a situação clínica. Nela, o terapeuta faz e é feito pela situação, tanto quanto seu cliente. De certa maneira, se o terapeuta se entrega à situação terapêutica, se ele se concentra no aqui-e-agora da situação, sua *awareness* é, praticamente, um estado alterado de consciência – o que o terapeuta vive durante uma situação terapêutica não é o mesmo tipo de consciência de seu cotidiano, sua sensibilidade é diferente, sua atenção é diferente, sua capacidade de empatia ou inclusão resta ampliada, sua capacidade amorosa e sua vivacidade estão mais presentes, sua criatividade mais à disposição do outro. Esse tipo de vivência é ainda mais importante em uma psicoterapia de curta duração do que em um trabalho mais longo, uma vez que essa qualidade de atenção ao que está acontecendo tende a facilitar ainda mais o livre fluxo de *awareness* do cliente.

A situação terapêutica existe antes mesmo que uma Gestalt comece a se formar na sessão de terapia, e será fundo para as figuras que virão. Apesar disso, Robine (2003, p. 32) lembra que "o neurótico age como se a novidade da situação aqui-e-agora não existisse, como se essa situação fosse redutível a alguns de seus constituintes fixados, de uma vez por todas, sob formas e esquemas de pensamento, de sentimento e de ação". Dessa maneira, ao entendermos a neurose como, de certa maneira, uma negação da situação, podemos, igualmente, conceber a psicoterapia como uma situação que vai proporcionar ao cliente a experiência de buscar a criação de novas respostas ajustadas criativamente ao caráter novo da situação. Assim, ao considerarmos a situação como uma das bases do processo terapêutico, temos também de elaborar a própria situação terapêutica ao longo de cada sessão, de preferência uma elaboração feita pelo terapeuta e pelo cliente juntos. No dizer de Perls (1977, p. 113), se mudarmos a atitude do paciente em relação ao comportamento de interromper que ele apresenta no consultório, sua atitude mudada eventualmente se expandirá e abarcará seu estilo, natureza, seu modo de vida. Seu comportamento aqui-e-agora é um corte microscópio de seu comportamento total. Se ele vir como é estruturado o seu comportamento na terapia, verá como o estrutura no cotidiano.

Atendi, certa vez, em psicoterapia de curta duração, um cliente de estilo obsessivo, que trazia, em uma determinada sessão depois de aproximadamente dois meses de terapia, a queixa de que tinha pouco espaço na vida, de que se continha muito. Explorávamos sua vivência e os significados dela, quando o cliente me disse: "Pois é, Ênio, é como se eu não usasse todo o espaço que tenho, como se eu ficasse sempre em um canto, oprimido..." Ao que lhe respondi: "Estou vendo". "Como assim? Está vendo?" "Estou vendo. Perceba como você está sentado na poltrona." A poltrona de meu consultório é de assento amplo, no qual uma pessoa pode sentar-se confortavelmente; meu cliente estava sentado em um cantinho da poltrona, quase espremido no braço dela. Ele olhou para o imenso espaço vazio ao seu lado, olhou de novo, olhou para mim, moveu-se em direção ao centro da poltrona, experimentou-se nessa posição, respirou profundamente e abriu um dos mais infantis e lindos sorrisos que já vi na vida! Esse mo(vi)mento encadeou uma série de ocupações de espaços por parte de meu cliente, de modo que algumas poucas sessões depois desta dávamos por encerrado nosso trabalho e ele pôde retomar sozinho seu caminho.

Essa postura diante da situação clínica, essa atenção a como se desenrola o encontro terapêutico a cada sessão, leva a uma percepção mais acurada do que está ali, em detrimento do que não está. Isso quer dizer que, atento ao que acontece, o terapeuta se liberta de uma postura que poderia deixar implícita uma exigência de que algo devesse estar ali. Com isso, o acolhimento ao cliente, a possibilidade da empatia, da compaixão e da inclusão se fazem mais claramente presentes na situação clínica. Assumindo essa postura na situação clínica, o terapeuta reconhece que a situação, se não chega a exatamente provocar os atos dos protagonistas, não é também somente um mero fundo para que as figuras emerjam na psicoterapia. A percepção da situação tem estreita correlação com as possibilidades de ação presentes a cada momento.

Em função das diferenças que há entre um trabalho de curta duração e um trabalho mais longo, a situação terapêutica encarada da maneira que desenvolvo aqui é ainda mais importante na psicoterapia de curta duração do que na de tempo indeterminado. Como veremos mais adiante, o terapeuta, em um trabalho de curta duração, pode e deve estar presente ao máximo, mais ativo que em uma psicoterapia de longa duração, mais entregue à situação terapêutica e mais *aware* ainda, porque aqui ele precisa ser um catalisador mais estimulante, dados os limites e os propósitos do trabalho.

A compreensão do cliente

Ao lado da percepção da situação, cumpre ao terapeuta um cuidadoso e curioso olhar para o cliente, um olhar o mais amplo possível, levando em conta tanto seus aspectos intrapsíquicos quanto os relacionais, seja na terapia, seja em seu dia-a-dia, levando em conta seus discursos, suas fantasias, suas realidades. Nessa perspectiva ampla do olhar do psicoterapeuta, como ensina Robine (2003, p. 30), pode-se fazer a localização do trabalho terapêutico em, fundamentalmente, um de dois lugares:

> — Ou ela (a psicoterapia) se apoia em um modelo de psicologia baseado em uma única pessoa como, por exemplo, o modelo da psicanálise clássica, em que o terapeuta tem um certo tipo de presença e função;
> — Ou ela se inscreve em uma psicologia que compreende duas pessoas, como o modelo proposto por Ferenczi e adotado por Balint, Winnicott e outros mais, no qual o terapeuta não é mais estranho ao campo da experiência.

Naquilo que se refere especificamente à Gestalt-terapia, ela oscila entre esses dois polos. Para Robine (2003, p. 30), Perls representaria uma postura mais próxima do primeiro modelo, ao passo que "a influência de Goodman se exerce através de sua abordagem do contato, considerado como ajustamento criativo, como construção do sentido da experiência em um campo organismo/meio".

Jacobs (1997, p. 147), ao analisar a postura do terapeuta por um outro prisma, complementar ao de Robine, destaca a existência de uma mudança interessante e relativamente recente no campo da psicoterapia: a mudança de um modelo que ela chama de "psicopatologia de conflito e defesa", para um modelo desenvolvimentista. O olhar do terapeuta – antes atento a desordens que surgiriam de conflitos entre impulsos ou entre impulsos e realidade, e também atento às defesas e evitações provocadas por esses conflitos – volta-se hoje mais para a compreensão dos conflitos como derivados de certa desvinculação entre as necessidades de desenvolvimento do cliente e as possibilidades que o meio ambiente lhe oferece. No primeiro caso, "as pessoas são vistas como desejosas de reter os impulsos infantis, desistindo deles com relutância para se adaptarem às demandas da realidade"; no segundo caso, há "um processo de desenvolvimento que foi impedido de prosseguir, por exemplo, no estabelecimento das fronteiras de contato".

A Gestalt-terapia de curta duração, embora não possa negar importância ao modelo de conflito e defesa, tem sua estratégia clínica fundamentada principalmente no modelo desenvolvimentista, uma vez que esse é o campo por excelência de uma psicoterapia humanista. O próprio Perls (1997, p. 11), na apresentação à edição de 1969 do *Gestalt-terapia*, afirma que

> a Gestalt-terapia agora está se tornando maior de idade, embora eu tenha escrito o manuscrito original, se tanto, há vinte anos. [...] Os experimentos de Gestalt incluídos neste volume são tão válidos hoje como provaram sê-lo na primeira vez que dirigimos aulas de expansão de *awareness*. A ênfase global, entretanto, mudou da ideia de terapia para um conceito gestáltico de crescimento (desenvolvimento). Agora considero a neurose não uma doença, mas um de vários sintomas de estagnação do crescimento (desenvolvimento).

O apoio em um modelo desenvolvimentista ou em um de psicopatologia de conflito e defesa determina e é determinado pela visão de homem da teoria que fundamenta o trabalho do terapeuta. Todo o olhar e toda a presença do terapeuta na situação terapêutica dependem de como ele compreende o ser humano.

A visão de homem na psicoterapia

Diferentemente das terapias "dinâmicas", que se propõem reconstruir personalidades, o propósito das terapias humanistas é libertá-las, uma vez que as características de personalidade potencialmente realizáveis continuam presentes, ocultadas por atitudes que as impedem ou limitam severamente sua expressão, isto é, elas não precisam ser reconstruídas, mas desveladas, conhecidas, apropriadas. É importante lembrar que o olhar humanista sobre a personalidade tem um fundamento, digamos assim, confiante. Na psicologia humanista, a visão de homem se sustenta em um conceito esperançoso das pessoas e de sua capacidade para viver plenamente a vida, ainda que isso implique fazer mudanças, às vezes dolorosas, em crenças e condutas mantidas durante muito tempo, ainda que isso implique também lidar com os aspectos trágicos da vida. Essa visão de homem deve ficar clara para o terapeuta gestáltico, como já discuti em outro texto (Pinto, 2007), pois é ela que dará o suporte para que o terapeuta se integre e se entregue à situação, e, com base nessa atitude, trace sua estratégia de trabalho.

É tendo em vista essa visão de homem de base humanista que se pode afirmar que a finalidade prioritária (embora não única) da Gestalt-terapia de curta duração é a de desvelar e liberar as potencialidades pouco aproveitadas da personalidade, integrando-as com as potencialidades mais à mão, e não só debelar os sintomas. A Gestalt-terapia de curta duração pretende facilitar ao cliente a possibilidade de que ele re-encontre (e confie) em sua espontaneidade, em sua autonomia, em sua capacidade de se autoatualizar a cada situação existencial, integrando-se com o ambiente.

Um primeiro contato com o diagnóstico em Gestalt-terapia de curta duração

Outro fundamento da estratégia terapêutica é o diagnóstico como indicador de caminho, tão importante que merecerá um destaque e uma discussão mais pormenorizada adiante, uma vez que toda a estratégia terapêutica e todo o trabalho psicoterapêutico – em psicoterapia de maneira geral e, especialmente, na Gestalt-terapia de curta duração – dependem e derivam do diagnóstico feito. Por ora, e para que se possa compreender como delimito parte significativa da estratégia terapêutica e o foco em meus atendimentos, coloco apenas o que entendo como as linhas mestras de uma compreensão diagnóstica em Gestalt-terapia de curta duração.

A primeira coisa que compete registrar nesse momento é que o diagnóstico em Gestalt-terapia de curta duração não pode ser apenas um diagnóstico do cliente: ele precisa envolver o diagnóstico da situação terapêutica e da situação de vida do cliente como um todo, além, é claro, das disposições do terapeuta ante aquele trabalho clínico. Outro ponto importante é que o diagnóstico não se esgote no sintoma, mas abarque o estilo de ser do cliente, pois é esse estilo que configura o fundo de onde sobressairá a figura da queixa, do sintoma, ou, dizendo melhor, do sofrimento denunciado no momento. Além disso, o diagnóstico deve levar em conta tanto os aspectos intrapsíquicos quanto os relacionais, embora com ênfase maior nos aspectos relacionais, pois este é o caminho por excelência da Gestalt-terapia. Mais importante que tudo é, desde já, ter presente que o diagnóstico é um indicador de caminhos, um mapa indispensável em Gestalt-terapia de curta duração, na medida em que não é possível um trabalho terapêutico sem uma adequada compreensão diagnóstica que lhe dê suporte e norte.

No trabalho que desenvolvo com meus clientes, faço uma compreensão diagnóstica baseada em quatro pontos fundamentais: a) o fundo, o estilo de personalidade que dá sustentação à queixa, ao sintoma; b) a figura trazida pelo cliente, sua dor, sua queixa, seu sintoma identificado, o que inclui um cuidadoso olhar para o seu ponto de interrupção mais importante no ciclo do contato; c) a situação terapêutica, a cada sessão, nos moldes já discutidos anteriormente; d) o campo existencial do cliente. É com base nessa compreensão diagnóstica que se poderá determinar o foco da psicoterapia de curta duração, como discutirei a seguir.

5. O foco

No teatro, o foco é o ponto onde se concentra a luz para iluminar toda a cena. Na psicoterapia de curta duração, o foco são os pontos nos quais se concentram os esforços do terapeuta e do cliente visando ao trabalho terapêutico. São as áreas que se vão iluminar preferencialmente, com a expectativa de que, uma vez suficientemente trabalhadas, todo o ser do cliente se modifique, de modo que seus ajustamentos criativos voltem a ter fluidez e, assim, ele caminhe mais livremente para se tornar ele mesmo. Os focos são o eixo de um processo de Gestalt-terapia de curta duração, assim como na maioria das outras abordagens em psicoterapias de curta duração.

Credita-se a Rank a criação do conceito de foco, embora, é bem verdade,

Rank estivesse mais preocupado com o foco como "trauma do nascimento", base de suas interpretações. Ainda assim, o pioneirismo de Rank deve ser destacado, uma vez que é também ele quem propõe limites de tempo para a terapia e traz a ideia de se localizar um foco como meio de apressar o processo terapêutico. Como já vimos, Rank também fala da importância da vontade do paciente no processo de cura, algo que estudaremos um pouco mais profundamente quando falarmos sobre a aliança terapêutica, porém não custa lembrar desde já que essa motivação é importante até mesmo na escolha do foco.

A escolha do foco é a eleição de um tema central para o processo psicoterapêutico de curta duração, mas não pode ser uma escolha rígida, estática. Ainda que a elaboração relativamente rápida do foco, realizada já nas primeiras entrevistas, seja decisiva na psicoterapia de curta duração, uma formulação posterior deve ser constantemente buscada, tornando-se mais precisa e ampliada durante o processo terapêutico. Nesse aspecto, é comum que ângulos menos claros no começo ganhem nova importância com o correr da terapia, de modo que não é errado dizer que um dos parâmetros que temos para medir a evolução da terapia é a evolução pela qual vai passando o foco eleito – evolução essa que, por sua vez, depende de cuidadosas recalibragens feitas pelo terapeuta e pelo cliente à medida que o trabalho se desenvolve. Quando não existem essas recalibragens, quando o foco se mantém inalterado ao longo do trabalho, pode ser sinal de que há alguma falha na compreensão do cliente.

Caso exemplar dessas calibragens aconteceu no acompanhamento de um cliente que me procurou por causa de uma disfunção erétil. Essa disfunção, que foi nosso primeiro foco, logo se especificou um pouco mais quando descobrimos que ela existia apenas nas relações com a esposa. Mais algumas sessões, e novo foco se impôs: na busca do significado do sintoma, desvelou-se uma importante dificuldade do cliente em lidar com sua agressividade, de tal sorte que ele havia perdido inúmeras boas oportunidades existenciais, inclusive profissionais, por não conseguir delimitar com a necessária assertividade seu espaço, fenômeno que estava a se repetir na relação conjugal. Dessa forma, em vez de nos concentrarmos na disfunção erétil, o sintoma, partimos dela para uma compreensão mais abrangente sobre o jeito de ser de meu cliente e, daí, para um trabalho terapêutico que ampliasse para ele a possibilidade de usar melhor sua agressividade e, assim, sentir-se mais em casa no mundo. Quero ressalvar que nem todos os casos de disfunção erétil seguem o mesmo caminho ou têm o mesmo significado – cada caso é um caso, cada sintoma aponta uma necessidade extremamente pessoal e pertinente ao momento existencial vivido, cada cliente exige do terapeuta uma configuração particularíssima dos focos no trabalho terapêutico.

Esse trabalho de focalização tem na atividade do fotógrafo um bom paralelo. Em meio a uma paisagem há algo a ser destacado, há uma figura a ser o mais claramente possível diferenciada do fundo. Essa diferenciação, no entanto, depende também de um correto destaque ao fundo, ou, melhor dizendo, a boa focalização depende da captação da melhor interação entre figura e fundo. Assim, se temos como foco, por exemplo, o desenvolvimento da autonomia do cliente, essa fotografia será diferente se tratarmos de um cliente de estilo histriônico ou de um cliente de estilo dependente de personalidade; os dois clientes trabalharão sua autonomia como figura, mas ela estará destacada de fundos bastante diferentes, em função dos estilos de personalidade diferentes.

A maneira como se estabelecem os focos em psicoterapia de curta duração ainda não tem um consenso formado. Para Fiorini, nas referências ao conceito de foco "coexistem formulações que enfatizam aspectos sintomáticos [...], interacionais [...], caracterológicos [...], próprios da díade paciente-terapeuta [...], ou técnicos [...], formulações que se justapõem sem estabelecer ligações entre si". Em vista disso, ele propõe buscar "a possibilidade de se trabalhar com um certo modelo teórico de foco que encontre para aqueles referentes uma ordem unificadora, a possibilidade de se propor uma estrutura que organize um campo comum diagnóstico e terapêutico".

Fiorini (1993, p. 91-103) defende ainda que, na prática terapêutica, o eixo central do foco é dado pelo motivo da consulta, o qual traz, subjacente a ele, certo conflito exacerbado. Esses dois pontos, aliados a uma visão sobre a situação grupal do cliente, "são aspectos fundamentais de uma situação que condensa um conjunto de determinações". Esse conjunto de determinações, por sua vez, possui zonas que devem ser identificadas e levadas em conta no processo psicoterapêutico: os aspectos caracterológicos do cliente, os aspectos histórico-genéticos individuais e grupais reativados, o momento evolutivo individual e grupal. Essas zonas, componentes da situação, devem ser colocadas em relação a uma zona de determinantes do contexto social mais amplo, para que se possa, finalmente, "reconfigurar uma estrutura, construir um modelo de situação que procure dar conta dos dinamismos, articulações, encaixes, potenciações e oposições próprias de uma totalização". Dessa maneira, o foco deve ser compreendido como a *delimitação de uma totalidade concreta sintética*.

Esse modelo de foco que Fiorini propõe, e que chama de *modelo de foco centralizado na situação*, "visa responder à necessidade de trabalhar com enfoques psicológico-psicopatológicos, diagnósticos e terapêuticos coerentes, integrados em uma concepção totalizadora da experiência humana". Essa proposta de foco elaborada por Fiorini tem consonância com a importância que se dá, em Gestalt-terapia, ao campo existencial total do cliente, um dos fundamentos do olhar gestáltico para a existência humana. A visão gestáltica, conforme já vimos, entende o ser humano como um todo unificado, ou seja, por um lado, uma unidade psique-corpo--espírito e, por outro, uma unidade indivíduo-meio, dado que o ser humano interage constantemente com limites sociais e ambientais. Ou, como diz Perls (1977, p. 39),

a abordagem gestáltica, que considera o indivíduo uma função do campo organismo/meio e que considera seu comportamento como um reflexo de sua ligação dentro deste campo, dá coerência à concepção do homem tanto como indivíduo quanto como ser social. As psicologias mais antigas descreviam a vida humana como um conflito constante entre indivíduo e seu meio. Por outro lado, nós o vemos como uma interação entre os dois, dentro da estrutura de um campo constantemente mutável. E, uma vez que o campo está mudando constantemente, devido a sua própria natureza e ao que lhe fazemos, suas formas e técnicas de interação devem ser, elas mesmas, necessariamente fluidas e mutáveis.

Corroborando com esse ponto de vista gestáltico, Van den Berg (1981, p. 38), em seu clássico livro sobre psicopatologia fenomenológica, argumenta que "a relação entre o homem e o mundo é tão íntima que seria errado separá-los, em um exame psicológico ou psiquiátrico". Para esse autor, se separarmos o cliente de seu mundo, este mundo deixará de ser o *seu* mundo e nós já não conseguiremos compreender o vivido pelo cliente. Isso se dá porque, explica Van den Berg, o mundo é uma realização de subjetividade, de tal modo que "se desejarmos compreender a existência humana, teremos de prestar ouvidos à linguagem dos objetos. Se estivermos descrevendo um sujeito, teremos de elaborar a cena na qual o sujeito se revela".

Com o mesmo fundamento fenomenológico, Ribeiro (1999, p. 143) esclarece que as terapias de curta duração se distinguem das de longa duração pela problemática presente e pelo contrato de trabalho que se estabelece, um contrato que já inclui a possibilidade de se estabelecer um foco para o trabalho. Segundo Ribeiro, nas terapias de curta duração há um problema específico a ser tratado, uma situação que exige certa urgência na solução, um sintoma mais agressivo e a vontade de alguém que necessita de ajuda. Ribeiro defende que, na terapia de curta duração, "existe um tema em questão, um contrato de trabalho, uma atenção especificamente voltada para ele. Isso não significa o abandono de outras questões que podem ser introduzidas, quando ligadas ao tema".

No entanto, Ribeiro faz um importante alerta quanto ao trabalho com o sintoma e a escolha do foco em psicoterapia de curta duração: ele argumenta que "o sintoma é como um farol, que lança sinais, indicando o caminho em zona de perigo, mas não orienta nem o navio nem os tripulantes se o comandante não souber olhar além do que o farol lhe informa". Isso quer dizer que o terapeuta deve estar ligado à pessoa como um todo: "Estar ligado à pessoa como um fenômeno totalizador significa que se deva sempre ver a pessoa no seu espaço vital e no mundo que a cerca. De fato, é a pessoa toda que se encontra em processo e não apenas o sintoma", arremata Ribeiro, consoante com Fiorini no que diz respeito a alguns cuidados que se deve ter ao eleger o foco do trabalho.

O foco e o sintoma

Um sintoma surge de um conflito presente, o qual, por sua vez, está apoiado em uma história conflitual passada e cristalizada. Mais importante que isso, o sintoma aponta alguma falta, algum potencial que não pôde se desenvolver e que pode ser desenvolvido nesse momento. Do contrário, não doeria. Em outros termos, o que quero dizer é que, quando ocorre um sofrimento emocional, ele indica que há algum potencial que precisa ser desenvolvido nesse momento, mesmo que esse desenvolvimento implique dores e perdas. Quando não há esse potencial, quando o desenvolvimento não está travado, não há sofrimento ou sintoma. Um potencial que emerge e necessita desenvolvimento exige novos ajustamentos criativos, que se dão a partir da dor provocada pelo sintoma. Quando a pessoa não consegue enxergar sozinha a melhor maneira de desenvolver esse potencial que dói, ela procura ajuda; uma das maneiras de ajuda no mundo ocidental é a psicoterapia, uma ajuda a qual se procura somente quando há uma dor, de tal sorte que a terapia, toda terapia, principia por um sintoma, por algo que dói. Em um trabalho de curta duração, esse algo que dói, o sintoma, é o primeiro alvo do terapeuta na escolha do foco, embora não possa ser o único referencial do terapeuta.

Mesmo quando o terapeuta se concentra na busca da remissão do sintoma, ele não pode perder de vista o todo do cliente, especialmente suas repetições. Onde e como está mais demarcado seu "estado de emergência crônico de baixa intensidade"? Quais repetições também se dão na situação terapêutica e podem nela ser desveladas e trabalhadas? Quais dessas repetições/cristalizações podem ser desconstruídas e quais devem ser preservadas? Qual a potencialidade que dá sustentação ao sintoma? Qual o significado desse sintoma? Para o que ele aponta?

Na Gestalt-terapia de curta duração há uma mudança no enfoque mais comumente utilizado nas psicoterapias breves, as quais fazem do sintoma uma figura. Aqui, o sintoma é intimamente correlacionado com o significado que atrai, o que acarreta enormes mudanças quanto ao modo de se trabalhar terapeuticamente. A partir daí, segundo Ribeiro (1999, p. 42), podemos redimensionar o diagnóstico e a concepção de um processo psicoterapêutico:

> Uma psicoterapia baseada no sintoma é uma psicoterapia baseada na parte, pois o significado ainda não foi achado. Torna-se a negação do que estamos chamando de

consciência, pois a consciência emana da relação existente entre os diversos meios em que a pessoa vive. Ela é todo o campo percebido.

A fundamentação da maioria dos autores que estudam o foco em psicoterapia breve é basicamente psicanalítica. No entanto, há aqui uma semelhança entre a maneira como esses autores trabalham um aspecto da psicoterapia breve e a maneira como esse mesmo aspecto é trabalhado na Gestalt-terapia de curta duração. De fato, se o terapeuta olha apenas para o sintoma e não leva em conta o todo da pessoa, aumenta exponencialmente a possibilidade de fracasso no processo terapêutico, quer seja por este não conseguir reduzir o sofrimento do cliente, ou, pior ainda, por induzir à simples mudança de sintoma – casos em que, por exemplo, a disfunção erétil, cuja cura rápida se celebrou, em poucos meses é substituída por uma gastrite renitente. Isso não quer dizer que não se deve levar em conta o sintoma. Não, ele é importante e mobilizador, tem um sentido, pede uma mudança em algum ponto importante da vida da pessoa que procura terapia.

O terapeuta, ao não se prender ao sintoma, deve buscar a compreensão do significado e do sentido desse sintoma. Além disso, e igualmente importante para o bom sucesso do processo terapêutico, o terapeuta deve ter uma clara ideia de quem é aquela pessoa que está à sua frente. Essa identificação da pessoa, ou individualização do cliente pelo terapeuta, dá-se por dois caminhos: o que o cliente tem de único e de especial, só dele em todo o universo humano, e o que ele tem de comum com outras pessoas, pois o psiquismo humano, aos moldes do corpo humano, contém componentes gerais e particulares. O que a pessoa tem de singular só pode ser compreendido empiricamente, com base em seu jeito único de ser na situação terapêutica, em cada situação terapêutica. O que ela tem de componente geral ou generalizável deve ser objeto de um determinado diagnóstico, o diagnóstico de estilo ou transtorno de personalidade, o qual explicarei mais adiante.

Dessa maneira, entendo que o foco no trabalho de Gestalt-terapia de curta duração tem dois fundamentos: a compreensão diagnóstica da figura, a queixa apresentada, e a compreensão diagnóstica do fundo, o estilo de personalidade de quem apresenta a queixa, bem como o campo existencial no qual essa queixa se insere. Assim, o Gestalt--terapeuta levará em conta, além do campo fenomenológico do cliente, o seu sofrimento e o fundo pessoal de onde esse sofrimento emerge. Por exemplo, uma depressão em uma pessoa cujo estilo de personalidade é predominantemente narcísico é diferente e exige diferente postura do terapeuta se comparada a uma depressão em outra pessoa cujo estilo de personalidade seja predominantemente esquizoide. O foco em Gestalt-terapia de curta duração deriva da compreensão diagnóstica. É nesse sentido que levantei os quatro pontos fundamentais para a compreensão diagnóstica. Esmiuçarei como entendo que ela deva se dar mais adiante. Por ora, quero discutir alguns procedimentos sobre o foco, quero discutir o que fazer depois que se elegem os focos em um trabalho psicoterapêutico em Gestalt-terapia de curta duração.

O trabalho com o foco: apresentando o foco para o cliente

O cliente chega para a psicoterapia com um foco determinado, o seu sofrimento. Eliminar, ou, ao menos, reduzir esse sofrimento é o alvo de sua vida no momento em que procura terapia. Ele precisa de uma psicoterapia porque percebe que sozinho não está dando conta de lidar adequadamente com seu sofrimento. Ele precisa da ajuda de um profissional, de um especialista que, na fantasia do cliente, resolverá seu problema e aliviará sua angústia. O psicoterapeuta sabe que não tem esse poder de aliviar a angústia de seu potencial cliente, pois seu limite é ajudar o outro a retomar seu caminho, é facilitar para o outro a superação das barreiras que impedem o livre fluxo de seu crescimento nesse instante da vida, uma superação que se dará pela atenta escuta ao que pede a angústia.

Mesmo não podendo resolver o problema existencial de seu cliente, afinal essa resolução é da competência do cliente, o terapeuta é um técnico que tem um arsenal teórico com base no qual compreende a dor do cliente de uma maneira diferente daquela de que este é capaz. Então, o terapeuta verá o foco trazido pelo cliente de outro ângulo, diverso e complementar àquele ângulo de onde o cliente olha para si. Partindo do relato do cliente, levando em conta igualmente o conteúdo do relato e a maneira como ele é contado, o terapeuta, com seu olhar especializado, vai desenhar, com calma, prudência e coragem, um novo, mais amplo e mais profundo modo de enxergar e de lidar com o sintoma. Levará algumas sessões para alcançar esse ponto, menos sessões quanto mais experiente for o terapeuta, mas muito raramente menos que três sessões. Uma vez que o terapeuta se sinta confiante em sua percepção do cliente e de seu sofrimento, com a necessária fundamentação teórica que dá suporte a essa confiança, a percepção do terapeuta em uma psicoterapia de curta duração precisa obrigatoriamente ser discutida com o cliente.

É óbvio que, já em um primeiro contato com o cliente, o terapeuta deve lhe dar um *feedback*, deve já começar a ampliar e aprofundar a maneira como o cliente enxerga seu problema, mas isso não é ainda suficiente para que se estabeleça um foco para o trabalho terapêutico. O terapeuta precisa verificar uma série de elementos, desde como se sente ante aquela pessoa e sua problemática, até a pertinência da ajuda psicoterapêutica naquela situação; desde a capacidade de se comprometer do cliente até o grau de compreensão de seu papel em um processo terapêutico, pois de nada adianta a delimitação de um foco se o cliente não puder compreender e se utilizar da situação terapêutica. O terapeuta precisa ter a capacidade de fazer um diagnóstico o mais amplo possível, um diagnóstico que lhe permitirá traçar um mapa o mais aproximado possível do processo existencial daquela pessoa, incluindo um retrato, também o mais aproximado possível, de seu estilo de personalidade. Cumprida essa tarefa, há de se delinear um prognóstico, o qual determinará a meta a ser buscada e a confiança – ou a falta dela – para que se inicie aquele processo psicoterapêutico. Um processo que, em Gestalt-terapia de curta duração, começará a efetivamente tomar corpo a partir do estabelecimento dos focos para o trabalho, o foco de figura e o foco de fundo.

A maneira como o terapeuta expressará para o cliente a visão que tem da problemática apresentada deve ser pautada pela possibilidade de compreensão do cliente. A linguagem utilizada não é técnica, mas uma linguagem coloquial, à altura do vocabulário e rente ao universo existencial do cliente. Ao menos a princípio, o foco da figura deve ter a preferência nas discussões com o cliente, pois é ali que ele está e, nesse caso, é tema o sintoma que ele quer eliminar. Se o terapeuta consegue explicar seu ponto de vista de um modo que o cliente compreenda e possa verificar a pertinência da observação do terapeuta, está dado o primeiro e mais importante passo para a formação de um dos mais fortes sustentáculos do trabalho em Gestalt-terapia de curta duração: a aliança terapêutica.

Se percebe que a visão apresentada pelo terapeuta acerca da problemática vivida por ele faz sentido, o cliente então, e só então, poderá verdadeiramente mobilizar-se e motivar-se para o processo terapêutico. Parte dessa motivação e dessa mobilização deriva da capacidade de o cliente relacionar-se de maneira racional e sensata com o terapeuta e trabalhar com perseverança, na situação terapêutica e em seu cotidiano, na busca da mudança necessária em sua vida. A mobilização do cliente para o processo terapêutico deriva de sua capacidade de fazer uma aliança terapêutica com o terapeuta, uma aliança que é fundamentada na possibilidade de o cliente cooperar e, assim, aceitar a ajuda do terapeuta para lidar com suas dificuldades de momento. Não basta ao cliente simplesmente comparecer às sessões ou esperar que possa ter somente prazer ou gratificação ao longo do processo terapêutico – ele precisa aceitar que deverá enfrentar seus problemas e que esse enfrentamento nem sempre será agradável ou prazeroso, antes pelo contrário. Tanto quanto na terapia de longa duração, também na Gestalt-terapia de curta duração há sessões duras, de sofrimento, há impasses a serem rompidos, há dolorosos processos de crescimento a serem vividos. Mais adiante, quando tratar da relação terapêutica em Gestalt-terapia de curta duração, voltarei ao tema da aliança terapêutica, mas agora quero ainda lembrar que ela não se esgota no cliente e nem é apenas atribuição dele.

Também o terapeuta deve se perguntar para verificar se é capaz de fazer sua parte na aliança terapêutica, pois ela, por ser *aliança*, traz a necessidade de que seja feito um pacto, um acordo entre cliente *e* terapeuta. A parte do terapeuta no pacto apoia-se em sua possibilidade de se dedicar com integridade àquele processo terapêutico, sabendo que também ele, terapeuta, restará modificado ao cabo do trabalho, sabendo que também ele terá momentos de resistência e de cansaço ou desânimo, sabendo que também ele, terapeuta, algumas vezes terá de apoiar-se em sua força de vontade para ser facilitador das mudanças do cliente.

Grande parte do sucesso de um processo psicoterapêutico se fundamenta na relação terapêutica, o que obriga o psicoterapeuta a observar-se. Isso implica que o terapeuta se reconheça e reconheça suas próprias questões existenciais, de maneira a mais claramente delimitada, buscando, sempre que possível, qual Quíron, transformá-las em ferramentas para a compreensão do cliente. Assim o psicólogo poderá se tornar seu mais importante instrumento na compreensão e na ajuda ao outro. Daí, torna-se imprescindível ao psicólogo dois caminhos concomitantes de aperfeiçoamento: aprimorar-se no domínio das técnicas específicas à sua profissão e aprimorar também seu autoconhecimento, conhecer seus limites e potencialidades para servir ao outro e também como treinamento para o conhecimento do outro (Augras, 1981, p. 14). Esse aperfeiçoamento do psicoterapeuta, se fundamental no início de sua carreira, não é atitude que deva ser deixada de lado após algum tempo de trabalho, como, aliás, bem salientam os Ginger (1995, p. 157): "Parece, pois, *indispensável* que qualquer terapeuta reserve para si, regularmente, e isso *ao longo de toda a sua carreira*, períodos suficientes de *trabalho pessoal consigo mesmo* e de *reciclagem profissional* (não confundir)".

Se a aliança terapêutica se estabelece, se o foco de figura está claro e clareia os rumos do trabalho que se inicia, cabe ao terapeuta deliberar se e como deve discutir com o cliente o foco de fundo. Se acredita que é melhor para o cliente que isso seja discutido, também aqui vale a regra do uso da linguagem acessível para o cliente. De nada adianta para um cliente saber, por exemplo, que tem um estilo de personalidade dependente, mas talvez seja bom para ele saber que precisa desenvolver mais sua autonomia. Penso, no entanto, que o diagnóstico de fundo é muito mais útil e importante para o terapeuta do que para o cliente, é muito mais um norteador para o terapeuta do que um clarificador para o cliente, à semelhança de um cirurgião que não precisa dar aulas de anatomia para seu paciente.

O diagnóstico de fundo é fundo para a postura do terapeuta na situação clínica, não precisa necessariamente tornar-se figura também para o cliente, embora este também possa usá-lo como motivação de fundo. Com isso quero dizer que o terapeuta se utiliza desse diagnóstico de fundo para nortear a maneira como pode alcançar seu cliente, a maneira como pode melhor comunicar-se com seu cliente, e é a isso que eu chamo de fundo para a postura na situação clínica. Também o cliente pode usar esse diagnóstico como uma ampla tela de fundo, o que é útil para alguns clientes, mas certamente não é necessário para todos eles, o que quer dizer que isso é coisa para ser analisada a cada atendimento em Gestalt-terapia de curta duração.

O trabalho com o foco: a tarefa do terapeuta

Uma vez delimitado o foco do trabalho que se inicia, há de se ver como devem lidar com ele terapeuta e cliente. Penso que a maneira como cada um dos componentes da díade precisa lidar com o foco é diferente. No meu modo de ver, o foco é mais problema do terapeuta que do cliente. Embora Lemgruber (1995, p. 19) defenda que o terapeuta deve atuar em função do foco e de maneira imediata, porque o foco do processo terapêutico "poderia perder-se facilmente a cada nova sessão ou tema apresentado", parece-me que a análise que Fiorini estabelece quanto à maneira de lidar com o foco se aproxima mais de um trabalho em Gestalt-terapia de curta duração e é mais eficaz que a simples concentração compulsória no foco.

Fiorini (1993, p. 98) defende que o trabalho com o foco deve estar atento a uma sequência de quatro passos básicos a cada sessão. O primeiro passo é dado pelo cliente, ao trazer material para a sessão. É nesse sentido que entendo que o foco é mais problema do terapeuta que do cliente: o cliente vem às sessões para tratar de sua dor, traz seu relato, conta suas experiências, seus sonhos, suas recordações, vive seus silêncios, seu jeito de ser e de estar a cada momento, gesticula suas questões. Ele não tem necessariamente de fazer a ligação entre o que relata e o foco eleito para aquele trabalho, embora possa fazê-lo. Ao terapeuta é que compete fazer perguntas, sugestões, associações e clarificações entre o material vivido na situação terapêutica e o foco definido para o processo terapêutico, e esse é o segundo passo. O terceiro passo cabe novamente ao cliente: reagir às intervenções do terapeuta, e elaborá-las. O quarto passo é do terapeuta, a quem compete aprofundar-se no material trabalhado no momento e fazer conexões daquele material com o foco e com o todo da vida do cliente, "tendo em vista alcançar uma totalização singular. [...] O movimento de ajuste do foco se faz acompanhar, então, de um retorno à totalização".

O foco é como a lente dos óculos que o terapeuta usa para compreender a situação de seu cliente em Gestalt-terapia de curta duração. Não é preciso que o terapeuta lide apenas com o tema eleito para o foco de figura ou o foco de fundo, mas é preciso que ele tenha a perspectiva desses dois focos ao intervir nas questões trazidas pelo cliente. Assim, por exemplo, se em uma determinada terapia se elegeu como foco de figura a compreensão de como o cliente faz escolhas na vida e a atualização e dinamização de seus critérios de escolha (foco de figura), se o terapeuta compreendeu que o estilo de personalidade deste cliente é marcadamente narcísico (foco de fundo), não é necessário que a cada sessão se fale de escolhas e de como o cliente escolhe, mas é preciso que o terapeuta oriente suas intervenções por este prisma. O cliente pode contar de seu novo trabalho ou do re-encontro com uma antiga paixão, pode falar sobre sua avó falecida recentemente ou pode abordar seus problemas familiares, tanto faz, o que importa é que o terapeuta não se deixe dispersar, mas enfoque cada assunto sob a luz da escolha (foco de figura) e da ampliação da consideração pelo outro (foco de fundo).

Esse modo de trabalhar com o foco facilita a ocorrência do que Lemgruber (1995, p. 23) chama de "efeito carambola", resultado e efeito da generalização e/ou irradiação dos ganhos terapêuticos, ou, em uma linguagem mais gestáltica, a modificação do todo pela reconfiguração de suas partes a partir da mudança em uma dessas partes. No jogo de bilhar, carambola é o ato de carambolar, ou seja, uma manobra que faz uma bola atingir duas outras com uma só tacada. Lemgruber analisa que, assim como em uma boa jogada de bilhar podem ocorrer movimentos e mudanças de posição em bolas que não foram diretamente atingidas pela tacada, também em um processo de psicoterapia de curta duração o cliente pode alcançar mudanças e progressos como consequência de uma rearrumação de algo específico de sua vida. Essas rearrumações podem continuar se dando mesmo após o término do processo terapêutico, ainda como resultado de uma ampliação ou generalização dos ganhos obtidos em terapia. Esse efeito carambola será tanto melhor quanto melhor o foco escolhido, à semelhança de um curso d'água impedido de fluir naturalmente por um acúmulo de gravetos em um determinado ponto de sua trajetória – se desentravamos o graveto que dá sustentação aos outros gravetos, mais rapidamente a água volta a fluir em seu ritmo natural, levando consigo os outros gravetos, assim como uma pessoa que vive com seu potencial atualizado ultrapassa e elabora seus problemas existenciais.

Como já afirmei, o ponto central para que o foco seja bem escolhido em uma Gestalt-terapia de curta duração é o diagnóstico, de maneira que é a uma discussão sobre esse tema tão polêmico em Gestalt-terapia que me dedicarei a partir de agora, complementando a teorização sobre o foco.

6. O diagnóstico

Se, por um lado, há relativo consenso de que o procedimento essencial para o estabelecimento de um foco em um processo terapêutico de curta duração é o diagnóstico, por outro lado, o que é e como lidar com o diagnóstico em psicoterapia não é tema que consiga semelhante consenso, principalmente entre os Gestalt-terapeutas. Certamente o diagnóstico ainda é um dos temas mais polêmicos em Gestalt-terapia, um tema que só mais recentemente tem recebido dos Gestalt-terapeutas a atenção que merece em vista de sua importância no processo terapêutico, seja ele longo ou curto.

A polêmica sobre o diagnóstico em Gestalt-terapia é tão importante que envolve até mesmo questionar a necessidade de se fazer, ou não, um diagnóstico em um processo terapêutico. Assim é que Frazão (1995b, p. 1) comenta que pôde observar que "até a década de 70, os Gestalt-terapeutas ou se abstinham de se referir à questão, ou, possivelmente influenciados pela antipsiquiatria dos anos 60, se opunham ao uso do diagnóstico em nossa abordagem". De lá para cá, um número significativo de Gestalt-terapeutas, entre os quais se incluem a própria Frazão, Yontef, Delisle, eu e muitos outros, considera o diagnóstico um instrumento útil, até imprescindível no processo terapêutico. Podemos creditar a oposição ao diagnóstico existente na Gestalt-terapia inicial como possivelmente decorrente da visão humanista na psicologia da época, que entendia o diagnóstico como despersonalizante, politicamente repressivo e um modo de reducionismo que transforma a pessoa em um conceito.

É certo que um diagnóstico *pode ser* politicamente repressivo ou um reducionismo despersonalizante, de modo que há a necessidade de fazer algum tipo de prevenção contra essa espécie de uso do diagnóstico no processo psicoterapêutico. Uma das maneiras é estudá-lo e praticá-lo com a visão em um contexto sociocultural mais amplo, para muito além de um olhar meramente clínico, e, a partir daí, verificar suas implicações quanto à vida do cliente e quanto ao processo psicoterapêutico em andamento.

Singularidades e pluralidades

Para que o diagnóstico não se torne iatrogênico, é preciso que ele não reduza a singularidade existencial e a história do cliente a um rótulo, o que o levaria a se defender, possivelmente até intensificando ainda mais sua sintomatologia, a fim de manter sua singularidade. Como nos lembra Augras (1981, p. 12), "o diagnóstico procurará dizer em que ponto de sua existência o indivíduo se encontra e que feixes de significados ele constrói em si e no mundo. Desta maneira, para citar mais uma vez Goldstein, 'cada homem será a medida de sua própria normalidade'". Cuidando para que o diagnóstico siga esse caminho não-reducionista, estaremos, ao mesmo tempo, cuidando para que o cliente não precise aprofundar suas defesas, defendendo-se também do diagnóstico. Um processo terapêutico começa pela possibilidade de que o terapeuta interaja com seu cliente e valorize a pessoa singular que ele é, com sua história singular, com seu momento singular, com suas dores singulares e suas conquistas singulares, com seu campo singular. Assim o diagnóstico poderá alcançar a descrição e a compreensão de cada pessoa em sua singularidade, fim último de um bom diagnóstico na abordagem gestáltica.

O terapeuta chega a uma melhor compreensão da singularidade de seu cliente se não se prende apenas ao singular que seu cliente é. Como afirmam Kluckhohn e Murray (in: Pervin, 1978, p. 1), "todo homem é, sob certos aspectos, a) como todo homem; b) como certos homens; c) como nenhum outro homem". Penso que é útil dar, durante o processo de diagnóstico e no processo terapêutico como um todo, atenção aos itens *a* e *b* como forma de realçar e compreender ainda melhor o item *c*.

Cada pessoa traz em sua singularidade as pluralidades que sustentam essa singularidade. O que primeiro nos define como humanos é o que temos em comum com os outros humanos. Cada pessoa é uma combinação nova e única de elementos somatopsíquicos e ambientais, sendo que, por sua vez, cada um desses elementos não é novo e único, mas pertencente ao que há de comum entre os seres humanos. A identidade, no sentido de consciência da persistência da própria personalidade, fundamenta-se na assemelhação e na diferenciação com as outras pessoas. No terreno da sexualidade, por exemplo, a identidade sexual de uma pessoa começa pela descoberta de ser macho ou fêmea, a qual se dá pela percepção do próprio corpo e de outros corpos semelhantes e diferentes. Uma pessoa se define masculina ou feminina porque há outras pessoas com características de gênero semelhantes às dela e outras com características de gênero diferentes. Somente depois desses passos é que se define a identidade sexual, baseada no biológico, ser macho ou fêmea, igual a tantos outros machos ou a tantas outras fêmeas; baseada no cultural, semelhante ao ser masculino ou feminino de tantas outras pessoas; e, finalmente, baseada no individual, o jeito peculiar de ser homem ou mulher, uma pessoa masculina e feminina em uma medida única, nunca antes encontrada, e que nunca se repetirá.

O diagnóstico em psicoterapia se refere àquela pessoa que está à nossa frente e se fundamenta também em uma generalização. O diagnóstico parte do vivido e relatado daquela pessoa e caminha em direção ao que há nela de comum com os outros seres humanos, para depois voltar novamente àquela pessoa na tentativa de compreendê-la e de facilitar a ela que se compreenda, em um caminho muito semelhante ao do estabelecimento da identidade de cada pessoa. O diagnóstico ajuda a encontrar melhor a singularidade em meio ao genérico. Destaca melhor o que é único e o que há de "positivo", de potencial a ser desenvolvido. Assim, diagnóstico não é massificação, antes pelo contrário. No diagnóstico, é importante se ter à mão o geral para facilitar a compreensão do particular do cliente, assim como é importante o cuidado para que não se use este geral como uma cama de Procusto onde colocar cada cliente.

Todo conhecimento teórico em psicoterapia só tem sentido se usado a serviço do cliente, e esta é a função da teoria: lançar uma luz, ainda que tênue, sobre a existência humana com o fim de facilitá-la dentro do possível. Ao fazer um diagnóstico, está-se criando uma teoria sobre a pessoa que procura a terapia, está-se lançando hipóteses, mapas, que, como tais, retratam uma cidade ou uma região como se fossem essa região ou essa cidade, nunca sendo essa região ou essa cidade. Essa condição "como se" não deve nunca ser perdida de vista, sob pena de reduzir o humano ao mecânico.

Ao fazer um diagnóstico, estamos lidando com construtos, com construções culturais desenvolvidas a fim de possibilitar uma ajuda mais eficaz a quem precisa de determinado recurso terapêutico. É óbvio que cada construto desenvolvido não traduz uma pessoa em sua totalidade ou integridade, da mesma maneira que é óbvio que cada um desses construtos pode ajudar a compreensão de uma pessoa em sua integridade. O construto é uma redução, é algo que possibilita que se estude um fenômeno de modo a compreender da melhor maneira possível esse fenômeno, mas nunca será, nem pode pretender ser, o fenômeno.

Por exemplo, se digo que determinada pessoa é homossexual, isso é um construto. Se reduzo essa pessoa à sua homossexualidade e a compreendo apenas a partir desse prisma, estou cometendo um reducionismo e me aproximarei mais de uma visão preconceituosa que de uma visão compreensiva. Se, no entanto, faço uma redução cuidadosa e, de acordo com esse construto homossexualidade, compreendo melhor as dificuldades e algumas características especiais dessa pessoa, sem rotulá-la, estou no caminho de ajudá-la a ampliar e aproveitar melhor seu espaço existencial e suas potencialidades. Idêntico raciocínio se aplica a uma série de construtos que usamos cotidianamente em psicologia, como neurótico, psicótico, ansioso, disléxico, adolescente, narcisista, histriônico, esquizoide, depressivo, másculo ou feminino, idoso, inteligente, sensível, enfim, uma quantidade sem fim de adjetivações que tanto têm ajudado os psicólogos a ajudar pessoas.

Penso que muitas vezes falta aos psi (psicólogos e psiquiatras, especialmente) essa clareza de que o construto não é a pessoa e é um bom instrumento para ajudar a pessoa a se encontrar e se desenvolver. Infelizmente, ainda é muito mais comum o reducionismo da pessoa ao construto do que o bom uso do construto, o que não justifica a posição de alguns psi de que não se devam usar os construtos. Eles devem, sim, ser usados; eles são, sim, bons instrumentos terapêuticos; não podem é ser absolutizados ou tomados como definitivos. O mau uso de um instrumento não justifica o fim do instrumento, e sim uma necessidade de aperfeiçoamento do operador do instrumento e do próprio instrumento.

Aspectos fenomenológicos

Pensando em psicologia fenomenológica, o importante no diagnóstico é uma atitude que possibilite o aparecimento do fenômeno em sua originalidade. Isso implica que, no correr da situação terapêutica, o imediato não seja interpretado à luz de referenciais anteriores, mas à luz que busca o sentido da experiência para o cliente. Como afirma Ciornai (2004, p. 38-9),

> para isso, o terapeuta necessita estar constantemente em um movimento pendular entre deixar-se envolver existencialmente, deixando brotar sentimentos e sensações que propiciem uma compreensão intuitiva, pré-reflexiva dessa experiência, para, em seguida, estabelecer certo distanciamento que lhe permita uma reflexão em que procurará nomear aquela vivência de forma que se aproxime o mais possível do próprio vivido. Ou seja, o terapeuta flui do "nada além que processo", do vivido na relação, para momento de reflexão sobre esse vivido.

Em consonância com Ciornai, é importante lembrarmos que o trabalho em psicologia fenomenológico-existencial não prescinde de teoria, reconhecendo assim o inestimável lugar e valor dela. Agindo assim, fugiríamos de um certo preconceito antiteórico que ainda existe em alguns setores da psicologia fenomenológico-existencial – um preconceito que, como todo preconceito, causa enormes danos. A Gestalt-terapia, metodologicamente, é uma abordagem fenomenológico-existencial, de modo que sua prática se fundamenta na vivência, na compreensão, na não-

-teorização durante o vivido, o que não quer dizer que ela não tenha teoria. É óbvio que tem! Se nos recusamos a teorizar, fatalmente faremos teoria de má qualidade, pois não existe um trabalho sobre o qual não se teorize. Entendo que é dever de todo profissional procurar conhecer a realidade de seu trabalho de maneira metódica e sistemática, esforçando-se para colocar os fatos de sua alçada em uma ordem conceitual, de forma dinâmica. No momento do encontro terapêutico, a teoria compõe o fundo, e será tanto melhor fundo, realçará tanto melhor a figura, se feita com *awareness* e cuidados técnicos e éticos. Igual raciocínio vale para o diagnóstico em psicoterapia: se nos recusarmos a diagnosticar explicitamente e com rigor e coerência em nosso trabalho terapêutico, faremos maus diagnósticos. O diagnóstico é uma espécie de teoria sobre o cliente, e é assim que deve ser entendido e colocado a serviço do trabalho terapêutico.

Ciornai lembra ainda que o conhecimento teórico amplia o poder de observação do terapeuta, "pois as categorias do percebido dependem tanto do que é *dado* a um sujeito observar, quanto do que lhe é *importante* observar, como do que ele *sabe* observar". Dessa maneira, importa principalmente a atitude com que o terapeuta se relaciona com os mapas (a teoria, o diagnóstico), pois isso permite que a compreensão desenvolvida pelo terapeuta seja constantemente testada e reformulada no processo terapêutico. Mais até do que isso, o conhecimento teórico, o mapa, vai servir de fundo para o terapeuta no momento da situação terapêutica, possibilitando uma maior e melhor *awareness* e, assim, facilitando ao terapeuta ajudar seu cliente a ampliar sua própria *awareness*.

Mapas são importantes, mas não substituem a visão que têm da região aqueles que nela vivem ou que por ela passam. Ainda assim, os mapas são roteiros que salientam aspectos relevantes, são orientadores na descoberta das vicissitudes e peculiaridades de uma região. Como mapas: eis a forma que se deve usar para olhar para as hipóteses diagnósticas apresentadas ante cada pessoa que busca psicoterapia. São teorias. Indicam caminhos, não são o caminho. Problematizam, não dão respostas: auxiliam na busca das respostas. O diagnóstico é fundamental no trabalho – orienta o olhar na busca da compreensão e da facilitação do caminho do outro. Orienta o terapeuta em sua faina de caminhar lado a lado com o outro.

O diagnóstico visa principalmente orientar o terapeuta sobre como se postar e como lidar com o cliente, e não tem a finalidade de enquadrar o cliente para lhe propor mudanças a partir de um esquema anterior e estreitamente delimitado sobre saúde. Além disso, "diagnosticar é detectar a configuração específica com que se articulam as partes em cada situação concreta. É um processo e o começo do vislumbre de uma possível reconfiguração do campo. É vislumbrar a possibilidade de mudança. Estamos longe do diagnóstico como rotulação" (Tellegen, 1989, p. 5).

Não sendo rotulação, o diagnóstico é, inicialmente, um movimento descritivo, uma tentativa de organização do que está sendo percebido no momento. Mas o diagnóstico não para na descrição do que se apresenta, ele traz o esclarecimento de um padrão e possibilita, por isso, uma predição, ainda que mínima. Dessa forma, diagnosticar é buscar ampliar o percebido, mover-se do que é agora observável ao que é habitual, costumeiro. Inclui, como já vimos com Ciornai, não apenas um esquema do que será observado, mas também os padrões e configurações que organizam nossas observações.

Etimologicamente, diagnóstico vem "do grego *diágnōsis*, discernimento, exame" (Nascentes, 1932, p. 245). Dessa maneira, quando um terapeuta faz um diagnóstico, está procurando um discernimento sobre o sofrimento que a pessoa que o procura apresenta, ao mesmo tempo em que procura um discernimento sobre a própria pessoa. Ao diagnosticar, o terapeuta está procurando compreender o significado do sofrimento de seu cliente, o significado de sua queixa, levando em consideração sua história e seu momento existencial. Ao diagnosticar, o terapeuta tem o intuito de compreender como essa pessoa age, sente, pensa, como ela se movimenta, enfim, pelos caminhos da vida. Para uma abordagem gestáltica do diagnóstico, algumas perguntas são essenciais: a serviço do que estão a queixa e o sofrimento que o cliente apresenta? Qual a relação de funcionalidade que existe entre essa queixa e o existir total do cliente (Frazão, 1995a, p. 82)?

Ao fazer o diagnóstico, o terapeuta busca também uma relação entre o aqui-e-agora do cliente, o lá-e-então de sua história e o se-e-quando de seus horizontes, com o propósito de alcançar a compreensão da queixa do cliente, mas isso não quer dizer que haja aí um raciocínio baseado em alguma crença de causa e efeito direto – o ser humano é complexo demais para que se possa compreendê-lo baseado em uma premissa dessa ordem. Sob o olhar fenomenológico, a queixa apresentada pelo cliente denuncia uma Gestalt que não se fechou, mostra repetição de uma atitude existencial que se tornou anacrônica e que causa sofrimento, expõe um ajustamento que se tornou insatisfatório.

Pensamento diagnóstico processual

Como hipótese, o diagnóstico em psicoterapia nunca pode ser estático: ele é um processo derivado do que Frazão (1991, p. 43) chama de *pensamento diagnóstico processual*, o que quer dizer que o diagnóstico tem de ser cotidianamente refeito e repensado, obrigando o terapeuta a permanecer atento a cada nova configuração que o cliente fizer em sua vida. O diagnóstico é uma atividade sem ponto final, ou, como afirma um dos Gestalt-terapeutas entrevistados por Pimentel em seu livro (2003, p. 142), "o diagnóstico acaba quando a pessoa vai embora". Prefiro chamar essa maneira de utilização do diagnóstico de *compreensão diagnóstica*, pois penso que essa expressão retrata mais claramente a atitude requerida ao Gestalt-terapeuta. Essa atitude está exemplarmente demonstrada nos três conselhos que Goldstein dá a um pesquisador (e que valem perfeitamente para um psicoterapeuta), segundo Holdrege (2006, p. 9).

O primeiro conselho sugere que o pesquisador fique "aberto e leve tão completa e precisamente quanto possível nas impressões", não dando preferência especial a qualquer aspecto específico do fenômeno observado. O próximo cuidado necessário é uma descrição compreensível do fenômeno observado, de modo a evitar julgamentos baseados em preconceitos teóricos. Nesse aspecto, Holdrege dá um exemplo:

Quando foram pedidos para os pacientes (de Goldstein) com uma lesão cerebral que escolhessem meadas vermelhas de amostras de lã, eles colocaram frequentemente em sequência as meadas da mais clara para a mais escura. Nós poderíamos compor o julgamento: "o paciente ordena as meadas de acordo com o conceito de brilho". Mas Goldstein olhou mais de perto, modificou a situação e fez perguntas diferentes. Percebeu-se que o paciente não pôde, quando explicitamente perguntado, ordenar de acordo com gradações de claro-escuro. Ou quando uma meada era afastada, ele não podia substituí-la numa "ordem correta". Goldstein concluiu finalmente que o paciente estava comparando só as meadas vizinhas de fato. "Por este procedimento de pares sucessivos, ele veio finalmente a um arranjo que *in toto* se parecia um balanço de brilho, mas realmente não era. [...] [Vemos] como é vital, para uma interpretação precisa, que a descrição dos fenômenos seja minuciosa e exata."

O terceiro conselho de Goldstein pede que se considere todo fenômeno com referência ao organismo como um todo e com a situação na qual acontece. Aqui, é essencial a observação cuidadosa de detalhes, o que requer a presença de uma atitude analítica. Holdrege adverte que a análise deve ser "contrabalançada por um retorno ininterrupto ao contexto maior, de forma que todo detalhe analítico é reintegrado em seu todo, de modo que a atomização dos assuntos sob investigação, tão comum em ciência, não acontece".

Além da atomização, um grande perigo que existe quanto à compreensão diagnóstica é expresso na busca da confirmação do diagnóstico a qualquer custo, colocando a teoria como mais importante que a realidade. O diagnóstico é estritamente um parâmetro norteador que a todo momento tem de ser verificado no contato com o cliente, inclusive a fim de evitar que o terapeuta, depois de fazer o diagnóstico, contamine a relação com o cliente em função desse diagnóstico. Um diagnóstico mal compreendido pode levar o terapeuta a desenvolver com o cliente uma relação desconsideradora, talvez até parecida com as relações que, na história de vida do cliente, foram as provocadoras do tipo de ajustamento que ele criou para sobreviver e que lhe faz mal hoje.

É importante frisar a necessidade do aspecto processual do diagnóstico, ou seja, que ele nunca está pronto. Em uma linguagem mais próxima da linguagem cotidiana na área da saúde humana, o que quero dizer é que um Gestalt-terapeuta, agindo fenomenologicamente, não está impedido de fazer um diagnóstico de seu cliente (antes pelo contrário), mas está definitivamente proibido de fechar esse diagnóstico. Nesse sentido, Oaklander (1980, p. 208) faz também importante observação, afirmando que se relaciona com a criança, sua cliente, como ela se apresenta no aqui-e-agora da situação clínica, pois "ela é um indivíduo multifacetado, capaz de muitas formas de ser", o que obriga a uma constante revisão do diagnóstico, porque a situação clínica sempre impera sobre este. Isso, no entanto, não torna o diagnóstico menos importante e tampouco retira dele seu valor norteador e de suporte para a postura do terapeuta.

Funções do diagnóstico

Além de norteador para o terapeuta, o diagnóstico cumpre outras importantes funções em um processo psicoterapêutico. Melnick e Nevis (s/d, p. 429) propõem cinco razões para se fazer um diagnóstico de maneira formal, sistemática e delimitada em Gestalt-terapia: em primeiro lugar, o diagnóstico é uma bússola que ajuda a organizar a informação e prover uma direção de navegação por meio dos dados coletados. Em segundo lugar, o processo de diagnosticar possibilita ao terapeuta o controle da própria ansiedade, o que, por sua vez, permite-lhe esperar com mais calma, sem precipitação, que a figura emerja a cada situação clínica. O terceiro fator para um diagnóstico formal, a ligação da teoria da Gestalt-terapia com outros sistemas de diagnóstico abre para o terapeuta uma grande ordem de pesquisa e teoria, o que é bom na medida em que possibilita ao terapeuta fazer predições sem ter de esperar que os dados emerjam da experiência imediata. Quarto, o Gestalt-terapeuta precisa estar fundamentado em uma ampla perspectiva que inclui o futuro e, particularmente, o passado do cliente, embora a exploração que faz do passado seja fenomenológica, uma tentativa de compreensão sem presumir que o passado causa o presente. Finalmente, quinto, o diagnóstico possibilita ao Gestalt-terapeuta não ficar isolado ante colegas de outras abordagens.

Yontef (1998, p. 278-9), depois de lembrar que "um bom diagnóstico é parte integrante e indispensável da Gestalt-terapia", afirma que os terapeutas competentes "categorizam, avaliam e diagnosticam". Para ele, diagnosticar pode ser "um processo de prestar atenção, respeitosamente, a quem a pessoa é, tanto como indivíduo único, como no que diz respeito a características compartilhadas com outros indivíduos". Ele continua: "Fazemos discriminações a respeito de padrões gerais, sobre que tipo de pessoa o paciente é, a trajetória provável do tratamento, que abordagens têm maior probabilidade de funcionar, os sinais de perigo". Yontef conclui: "Não podemos evitar diagnosticar. A nossa opção é: fazê-lo de maneira superficial ou não deliberada, ou, ao contrário, de maneira bem ponderada e com *awareness* completa". Se o diagnóstico é feito sem *awareness*, aumenta o risco de se impor ao cliente uma crença ou um sistema de valores, o que seria antiterapêutico. Mais adiante, quando comentar a necessidade de – e a maneira como – o terapeuta deve fazer seu próprio diagnóstico em cada atendimento em Gestalt-terapia de curta duração, comentarei mais detalhadamente essa última afirmação de Yontef.

Carlos Vinacour (1999), após ressaltar que toda psicoterapia tem dois fundamentos básicos, a relação terapeuta-cliente e o diagnóstico, lembra, levando em conta a singularidade de cada cliente, que a tarefa terapêutica "exige a necessidade de propor generalizações que orientem nossos passos". Ele completa: "Ainda que nossa tarefa com cada cliente seja uma aventura única e apaixonante, cada processo terapêutico não pode se transformar em um eterno recomeçar, sem bússolas nem folhas de rota, sem orientações que ordenem nossa tarefa". Para Vinacour, apesar de os rótulos diagnósticos serem superficiais e sujeitos a correções à medida que avança o conhecimento humano, e apesar de, por causa de sua necessária abstração, falarem pouco da pessoa como pessoa, eles podem ser usados de maneira heurística, adotados a título provisório como ideia diretriz da intervenção terapêutica, "como guias que se reformulam e se trocam, quando a necessidade o impõe", e assim eles se tornam particularmente úteis para orientar ordenada e coerentemente uma psicoterapia. Vinacour conclui: "Aplicados sem atitudes fundamentalistas e com visão operativa e elástica, [os rótulos diagnósticos] oferecem uma visão útil e uma forma de tornar óbvios caminhos vagos e imprecisos que às vezes alongam desnecessariamente o tempo de uma terapia".

O diagnóstico: como fazer?

Uma vez estabelecidas a necessidade e a utilidade do diagnóstico em um processo Gestalt-terapêutico, deparo com outra polêmica: como fazer esse diagnóstico? Aí a diversidade de pontos de vista entre os Gestalt-terapeutas chama a atenção, demonstrando como a Gestalt-terapia ainda não tem claramente delineadas algumas estruturas básicas que lhe confiram uma necessária consistência.

Penso que falta ainda à Gestalt-terapia uma uniformidade quanto aos conceitos diagnósticos a serem empregados por seus afiliados, como, aliás, destacou Adelma Pimentel (2003) em seu estudo sobre o psicodiagnóstico na Gestalt-terapia brasileira. A autora entrevistou catorze Gestalt-terapeutas de diferentes regiões brasileiras, cada um deles com mais de quatro anos de experiência em psicoterapia, todos ligados à academia – portanto, supostamente atualizados na área –, visando compreender como os Gestalt-terapeutas concebem e realizam o psicodiagnóstico. Em suas conclusões, Pimentel (p. 234-5) aponta que há apenas o início de um campo comum para a formulação diagnóstica em Gestalt-terapia, o qual inclui, dentre outros aspectos: a) a concepção do diagnóstico "como uma produção humana na relação intencional com o outro"; b) a colocação do diagnóstico junto da psicoterapia, não como algo alheio a ela ou separado dela; c) o conceito de diagnóstico como ação processual realizada ao longo do processo terapêutico. Tratando das proposições fenomenológicas do psicodiagnóstico, Pimentel (p. 239) destaca outros pontos em que a concepção e formulação diagnóstica em Gestalt-terapia vão paulatinamente adquirindo pontos de identidade sustentados "na valorização e apreensão do fenômeno tal como ele acontece, no estabelecimento do diálogo, na valorização do saber do cliente, na suspensão do julgamento clínico, na busca da compreensão possível da totalidade do cliente como ser humano inserto em um contexto socioeconômico-histórico-cultural".

De fato, ainda há muito que desenvolver em Gestalt-terapia no que se refere ao diagnóstico. Também como contribuição a esse desenvolvimento, mas principalmente com vistas a fundamentar a prática do diagnóstico em Gestalt-terapia de curta duração, discuto a seguir a maneira como tenho realizado esse aspecto do trabalho terapêutico.

Antes porém de aprofundar a discussão sobre a maneira como eu vejo o diagnóstico em Gestalt-terapia, convém deixar claro que, quando falo em personalidade, estou me referindo a

um específico e relativamente estável modo de organizar os componentes cognitivos, emotivos e comportamentais da própria experiência. O significado (cognitivo) que uma pessoa atribui aos eventos (de comportamento) e os sentimentos (emocional) que acompanham esses eventos permanecem relativamente estáveis ao longo do tempo e proporcionam um senso individual de identidade. Personalidade é esse senso de identidade e o impacto que ele provoca nas outras pessoas. (Delisle, 1999, p. 19)

Isto posto, relembro que no trabalho que desenvolvo com meus clientes, faço uma compreensão diagnóstica baseada em quatro pontos fundamentais: a) o fundo, o estilo de personalidade que dá sustentação à queixa, ao sintoma; b) a figura trazida pelo cliente, sua dor, sua queixa, seu sintoma identificado, o que inclui um cuidadoso olhar para o seu ponto de interrupção mais importante no ciclo do contato; c) a situação terapêutica, a cada sessão, nos moldes já discutidos anteriormente; d) o campo existencial do cliente. Como entendo que já discuti suficientemente os dois últimos tópicos no que diz respeito à Gestalt-terapia de curta duração, vou, a partir de agora, centrar-me na discussão dos dois primeiros tópicos, aqueles que me parecem mais propriamente descritíveis como o eixo do processo diagnóstico em uma Gestalt-terapia de curta duração.

O diagnóstico do estilo de personalidade

Na compreensão do fundo, quer dizer, do estilo de personalidade que dá sustentação ao sintoma, uma tipologia auxilia sobremaneira o terapeuta. Isso porque o desenvolvimento de uma tipologia fornece elementos para diagnóstico, favorece compreensão relacional, consideração e respeito para com o cliente, além de aceitação das diferenças sem julgamento, possibilitando ajudar ao outro como ele necessita ser ajudado, e não segundo um padrão estereotipado de ajuda. Ademais, uma tipologia ajuda a estar atento às probabilidades psicopatológicas a que cada cliente possa propender, sempre lembrando que não existem tipos puros – uma tipologia consiste de elementos referenciais para um diagnóstico.

Uma tipologia eficaz ajuda a compreender as pessoas de acordo com certos padrões universais com base nos quais se organiza a singularidade de cada pessoa. Uma tipologia, ao auxiliar um diagnóstico, é uma redução, mas não pode ser um reducionismo. Não se pode dizer que se conhece alguém porque essa pessoa é de determinado tipo, segundo determinada tipologia, mas seguramente se pode afirmar que a compreensão de uma pessoa pode ser aprofundada se o terapeuta consegue considerar com a devida seriedade a estrutura que fundamenta a individualidade de seu cliente. Para conseguir tal compreensão, a atitude do terapeuta precisa ser flexível, de maneira que, como já citei, nunca feche seu diagnóstico, e sim mantenha sempre uma postura aberta ao aspecto processual desse diagnóstico e da relação terapêutica da qual este provém, respeitando profundamente a advertência de Buber (in: Hycner, 1997, p. 40):

A realidade decisiva é o terapeuta, e não os métodos. Sem os métodos, se é um diletante. Sou a favor dos métodos, mas apenas para usá-los, não para acreditar neles. Embora nenhum médico possa passar sem uma tipologia, ele sabe que, em dado momento, a pessoa única do paciente está diante da pessoa única do médico; este joga fora tudo quanto pode de sua tipologia e aceita essa coisa imprevisível entre terapeuta e cliente.

Uma tipologia utilizada por alguns Gestalt-terapeutas é o eneagrama (Naranjo, 1997 e 2004; Luca, 2006), uma abordagem que descreve nove tipos de personalidade; outros Gestalt-terapeutas, dentre os quais me incluo, lançam mão de outra tipologia, baseada no uso do DSM-IV, Eixo II, transformado em uma tipologia (Delisle, 1988 e 1999; Greenberg, 1998; Vinacour, 1999). O DSM-IV é composto por cinco eixos que existem para facilitar o raciocínio diagnóstico. O primeiro eixo diz respeito aos transtornos clínicos (doenças mentais de instalação determinada); o segundo eixo, o que nos interessa aqui, trata dos transtornos processuais ou traços de personalidade; o terceiro eixo concerne às condições médicas gerais; o quarto eixo aborda os problemas psicossociais e ambientais; e, finalmente, o quinto eixo faz uma avaliação global do funcionamento por meio de uma escala determinada pela APA (Associação Norte-americana de Psiquiatria). No diagnóstico que faço em psicoterapia de curta duração, conforme detalharei mais adiante, uso o DSM-IV, Eixo II como referencial para os traços de personalidade do cliente e para a verificação da presença, ou não, de transtornos. Especialmente como referencial para os traços, quero frisar.

Além de alguns aspectos teóricos, os quais comentarei a seguir, o uso do DSM-IV como uma tipologia tem, para mim, um aspecto facilitador proveniente de minha história profissional: durante um bom tempo de minha vida profissional, trabalhei em hospitais, psiquiátricos e gerais, e pude perceber a importância de uma linguagem que facilite a comunicação entre os profissionais da área da saúde humana, requisito que o DSM-IV cumpre com suficiente clareza.

O uso do DSM-IV me facilita compreender meu cliente, seu jeito de ser e sua experiência, além de como ele se relaciona consigo mesmo e com o meio, permite-me apressar a compreensão de suas faltas e de suas necessidades, ilumina para mim o caminho entre a percepção e compreensão da originalidade de meu cliente e a percepção e compreensão do que ele tem em comum com outros seres humanos, trajeto básico para um diagnóstico bem feito, como já argumentei anteriormente. Como todo instrumento psicológico, também uma tipologia baseada no DSM-IV não me permite esgotar a compreensão do meu cliente, o que me obriga a constantemente refazer o diagnóstico, mantendo uma postura de nunca deixar de dar atenção ao aspecto processual da psicoterapia e do próprio ser do cliente, de modo a ter sempre presente que a experiência do cliente é sempre maior que qualquer diagnóstico que se possa fazer dele.

O DSM-IV é um construto, é um instrumento, um recurso do qual me utilizo para facilitar a compreensão de meu cliente, um instrumento que se coloca a serviço da relação dialógica, essa, sim, o coração do trabalho terapêutico, como discutirei adiante. O DSM-IV não pode ser visto como uma camisa de força ou uma gaveta onde se deva encaixar cada pessoa em nome de uma suposta uniformidade, mas deve ser visto, da maneira como o uso em psicoterapia, como um instrumento auxiliar para o terapeuta em seu trabalho de compreensão e acolhimento de seu cliente. Esse uso da tipologia não ameaça ou substitui a originalidade de cada cliente. Antes, pelo contrário, realça-a no encontro terapêutico.

Quando faço um diagnóstico e me utilizo do Eixo II do DSM-IV, busco compreender o fundamento, a estrutura e o processo em que se apoia o sofrimento denunciado pelo cliente. Entendendo o DSM-IV como uma tipologia, ao diagnosticar, trabalho com o que o DSM-IV denomina transtornos de personalidade, não somente no sentido de transtorno ou de patologia, porém muito mais em um sentido de estilo de personalidade, um estilo de se relacionar e de estar no mundo. Lido com os estilos de personalidade de uma maneira bastante parecida com a que Greenberg (1998) lida com o que ela chama de "Gestalten interpessoais", ou seja:

> Nós podemos rápida e facilmente compreender muito sobre nossos clientes simplesmente observando o que habitualmente é figura para eles durante as suas interações com outros. Eu entendo esta figura habitual como a "Gestalt interpessoal" do cliente. De uma maneira ampla, a Gestalt interpessoal define o modo como organizamos nosso campo interpessoal em cada momento: o que é figura para nós dentre as múltiplas possibilidades de relações interpessoais e o que é fundo. Envolve coisas como que papel nós queremos desenvolver na interação, a maneira como nós queremos ser vistos e tratados pelo outro, como esperamos nos sentir durante a interação, e o que nós secretamente almejamos ou tememos da outra pessoa. A Gestalt interpessoal segue as mesmas regras de outras formações de Gestalt. Nossos interesses, necessidades, expectativas, fisiologia, cultura, história e temperamento, tudo afeta o que se torna figura para nós. Nós tendemos a perceber as coisas que nós desejamos, necessitamos ou tememos. Assim, nós somos especialmente responsivos tanto a ques-

tões interpessoais que parecem prometer o cumprimento da maioria de nossos desejos e necessidades quanto o que desperta nossos medos interpessoais mais profundos.

O fato de uma Gestalt interpessoal ser cristalizada ou criativa, ou seja, a diferenciação entre estilo e transtorno de personalidade, fundamenta-se em uma diferença apenas de grau, de rigidez; todos nós temos a possibilidade de desenvolver um transtorno de personalidade em algum momento da vida, e o transtorno que desenvolveremos, se for o caso, será baseado em nosso estilo de personalidade. Quando me apoio no que o DSM-IV descreve como transtorno para falar de um estilo de personalidade, entendo que o transtorno é o estilo que se cristalizou e, por isso, causa sofrimento, ou, dizendo de outra maneira, os transtornos não são, por si sós, doenças ou características ontológicas, e sim construtos que descrevem estilos com problemas que geram angústias e mal-estares.[1] Ao fazer essa análise da personalidade do cliente, não estou particularmente interessado na determinação da presença ou da ausência de uma enfermidade, mas, antes, em compreender um jeito de ser, um estilo de lidar com as relações, de lidar com a vida e com os problemas existenciais. Nesse processo, pro-

---

1   De certa maneira, o modo que lido com essa díade estilo-transtorno guarda muitas semelhanças com o modo como Laura Perls teorizou sobre estilo e caráter. De fato, segundo Pimentel (2003, p. 46), "Laura Perls diferenciou, influenciada pelas concepções reichianas, os conceitos de caráter e de estilo. [...] Para ela, o caráter faz referência à fixação de uma Gestalt – 'alguém ter caráter significa que tem modos muito definidos de comportar-se, de expressar-se e de funcionar'; enquanto o estilo aponta para a evolução – 'um modo integrado de funcionamento, comportamento e expressão'". Para mim, caráter é estilo cristalizado.

curo antes olhar para a saúde que para a doença, para o que o cliente traz de criativo mais do que para o que o cliente traz de problemático, visando, assim, ampliar o sentido de cooperação necessário no processo terapêutico.

Quando priorizo o aspecto saudável e criativo do cliente, não me coloco (e nem o convido para se colocar) em luta contra algum aspecto de si que deva ser eliminado ou modificado, mas me coloco (e o convido para se colocar) em aliança com aquilo que nele ainda não pôde se desenvolver suficientemente e precisa ser desenvolvido. Agindo assim, estou mais atento ao sentido do sofrimento denunciado do que às suas causas, estou mais ocupado em facilitar ao cliente retomar seu desenvolvimento e seu poder na confecção de sua história, estou, no fim das contas, atento a desenvolver uma compreensão de meu cliente e de seu sofrimento. Adiante comentarei um pouco mais sobre a importância dessa maneira de trabalhar com o sintoma.

Nesse aspecto do trabalho com o estilo de cada cliente em psicoterapia, é importante salientar que, assim como o terapeuta tem um estilo básico, também os clientes o têm; assim como o terapeuta aprende seletivamente, baseado em quem ele é, da mesma forma os clientes. Dessa maneira, segue que o que precisa ser modificado é o que porventura haja de cristalizado, e não o estilo de cada pessoa. O estilo deve ser mais bem conhecido, como maneira de o cliente se descobrir mais, se compreender melhor e desenvolver mais adequadamente seus potenciais. É preciso também lembrar que diferentes estilos responderão a diferentes agentes catalisadores como indutores ou propiciadores de mudança (Denes, 2006).

A escolha do DSM-IV como modelo de estilos de personalidade encontra sentido em meu trabalho com base em algumas reflexões, das quais quero destacar o cunho fenomenológico do DSM-IV, que o aproxima da visão gestáltica sobre a psicoterapia. Como afirma Delisle (1999, p. 16),

> com exceção dos transtornos mentais orgânicos, nenhum dos transtornos mentais descritos no DSM tem uma etiologia estabelecida. Pode até ser difícil de acreditar, mas as causas do transtorno histriônico ou da agorafobia são desconhecidas. É óbvio, os clínicos disputarão a validade de diversas hipóteses explicativas. Aprendizagem social, desequilíbrio hormonal, dinâmica edípica ou relações objetais são todas especulações inteligentes que nunca puderam ser adequadamente verificadas em bases científicas. É por isso que as categorias clínicas do DSM, com exceção das desordens nas quais alguma lesão do sistema nervoso central ocupa papel significante, estão baseadas mais em um critério descritivo que em inferências, sem qualquer referência implícita a causas e etiologia.

Além disso, o DSM é recente e atualizado (sua primeira versão data de 1994), de modo que seu uso pode ser também uma maneira de ampliar o intercâmbio entre as diferentes abordagens em psicologia e na medicina, ampliando, também, o intercâmbio científico.

Ao fundamentar o diagnóstico em Gestalt-terapia de curta duração no DSM, apoio-me principalmente, embora não somente, nos trabalhos de Gilles Delisle, o qual fez interessante e rica leitura das descrições do DSM com base nos paradigmas gestálticos, buscando uma melhor sistematização do diagnóstico e do trabalho terapêutico em Gestalt-terapia. Delisle (1999, p. 56) considera que os conceitos básicos da Gestalt-terapia não se prestam bem a categorizações, o que gera certa dificuldade quando se quer descrever os ciclos de experiência típicos de um determinado cliente. No entanto, afirma ele, "o jogo vale o risco e, até mesmo à custa de manchar nosso romantismo, nós temos de nos ajustar à necessidade de sistematização". Delisle argumenta que dispomos de uma teoria que possibilita a descrição de processos que acontecem na fronteira de contato, a qual pode ser considerada a expressão relativamente constante dos ajustamentos criativos de uma pessoa, fazendo crer que também seja possível "usar um de seus conceitos para descrever tipos psicológicos cuja existência é reconhecida pela comunidade de terapeutas".

O DSM-IV, última atualização até o momento, descreve os seguintes dez tipos de transtorno de personalidade, os quais entenderei, conforme já expliquei, como estilos de personalidade: paranoide; esquizoide; esquizotípica; antissocial; *borderline*; histriônica; narcisista; esquiva; dependente; obsessivo-compulsiva. Eles são reunidos em três agrupamentos, com base em similaridades descritivas. Agrupamento A (parecem "esquisitos"): paranoide, esquizoide, esquizotípico. Agrupamento B (parecem dramáticos, emotivos): antissocial, *borderline*, histriônico, narcisista. Agrupamento C (parecem ansiosos ou medrosos): esquiva, dependente, obsessivo-compulsiva.

Não descreverei aqui cada um desses tipos de personalidade, tampouco como eles podem ser entendidos a partir do referencial gestáltico, uma vez que esse foi o trabalho realizado por Delisle. Para a Gestalt-terapia de curta duração, o que importa nesse momento é ressaltar que cada um desses tipos ilumina um propósito amplo e suficientemente vago para o processo terapêutico, o que, por sua vez, orienta o terapeuta em seu trabalho.

Quando digo que para cada tipo de personalidade há um trajeto já esboçado (e apenas esboçado), isso obriga a prestar ainda mais atenção nas diferenças individuais. O apontar de caminhos que se pode depreender do estilo de personalidade de cada cliente é feito grosso modo, devendo ser especificado cuidadosa e continuamente para cada cliente em cada momento do processo terapêutico. Esse esboço de foco de fundo para cada estilo de personalidade é chamado por Delisle (1988) de *estratégias terapêuticas gerais*. Embora Delisle teorize para um processo Gestalt-terapêutico de longo prazo, suas observações são válidas também para a Gestalt-terapia de curta duração. Há uma grande influência de Theodore Millon na sistematização feita por Delisle: Millon (1979 e 2006), ao estabelecer as polaridades atividade-passividade, sujeito-objeto e prazer-dor como importantes dimensões da personalidade, ilumina possíveis focos de atenção do terapeuta diante de seu cliente.

Cabe ainda ressalvar que não existe alguém passível de ser enquadrado em um estilo "puro" de personalidade, mas que sempre há um estilo que prevalece no cotidiano da pessoa. De maneira geral, tenho observado que o mais comum é compreender cada cliente como tendo um estilo prevalente e, ao menos, um outro que se pode denominar, à maneira dos junguianos com sua tipologia, de "auxiliar", os dois demandando atenção por parte do psicoterapeuta ao fazer o diagnóstico de fundo. Além disso, é importante lembrar que, como em qualquer outra tipologia, cada pessoa tem a possibilidade de lidar com algumas situações em qualquer um dos estilos existentes, pois, como já afirmou Terêncio, "nada do que é humano me é estranho". No diagnóstico, lidamos preferencialmente com o estilo, não com comportamentos isolados.

Vejamos, então, que estratégia terapêutica cada estilo sugere, segundo Delisle (1988).

O cliente paranoide exigirá do terapeuta tolerância para com as suspeições que terá mesmo com relação a este; além disso, deve-se trabalhar a fim de ampliar a capacidade crítica do cliente, ou seja, diminuir a coesão entre seus pensamentos e suas emoções. O cliente esquizoide precisa ampliar (às vezes mesmo conhecer!) as sensações corporais prazerosas como um primeiro passo em terapia; com esse cliente, a relação terapêutica pode ser explorada no sentido da experimentação de um contato mais pleno, ao mesmo tempo que se dá atenção a toda possibilidade de ampliação da rede social do cliente e ao enriquecimento da cognição como algo ativo, de modo a aumentar a energização do cliente. No caso da pessoa de estilo esquizotípico, geralmente confusa, é preciso o cuidado para não entrar na confusão dela, trabalhando simultaneamente a coesão entre a cognição e os contatos interpessoais.

Quando tratamos de um cliente antissocial, raríssimo em terapia, o cuidado é ajudá-lo, se possível, a diminuir a centração sobre si e, concomitantemente a isso, ampliar a tolerância à passividade, na esperança de que ele se torne menos impulsivo. O cliente *borderline* exige, antes de tudo e sempre, limites muito claros e a maior estabilidade que o terapeuta possa obter, inclusive quanto ao *setting* terapêutico; necessita, também, de um trabalho que lhe permita aumentar a coesão interna entre ele e seus afetos. O cliente histriônico precisa de atenção e de consciência sobre sua capacidade de acomodar acontecimentos sem ter de se modificar; precisa também ser auxiliado a centrar-se mais em si que no ambiente e ampliar sua capacidade de tolerância às consequências intra e interpessoais de suas ações. O último desse bloco, o cliente narcisista, cada vez mais comum em nossos consultórios, precisa aumentar a centração sobre o outro.

No último bloco estão os clientes de estilos esquivo, dependente e obsessivo-compulsivo. No atendimento do primeiro, o de estilo esquivo, há de ser feita uma abordagem que amplie a sensibilidade ao prazer e a tolerância à dor, especialmente a ansiedade. No caso do cliente dependente, o terapeuta deve evitar colocar-se muito ativo e cuidar no sentido de ajudá-lo a vencer uma tendência a se descentrar de sua experiência para dar conta do ambiente. O cliente obsessivo-compulsivo precisa aumentar sua capacidade de se energizar e agir, e exige do terapeuta uma atenção especial ao dilema, do cliente, da centração sobre si ou sobre o outro.

Há já alguns anos, venho dando aulas em institutos de Gestalt no Brasil sobre essa maneira de abordar a compreensão diagnóstica e tenho encontrado com os alunos algumas discussões muito interessantes, as quais acabam por me ajudar a aprimorar ainda mais esse jeito de lidar com o diagnóstico em psicoterapia e, especialmente, em psicoterapia de curta duração. No curso de formação em Gestalt-terapia do Instituto de Gestalt de São Paulo, temos um módulo sobre compreensão diagnóstica no qual trabalho mais aprofundadamente o tema do que me é possível neste livro. Uma das discussões mais interessantes que tive em uma dessas aulas foi com um aluno que, a princípio, viveu intenso estranhamento quanto a esse modo de abordar o diagnóstico. Ele conversou comigo e lhe sugeri que trouxesse sempre à luz para o grupo os estranhamentos que vivesse, a fim de incentivar o debate. E assim ele fez. Lembro-me, principalmente, de três passagens com esse aluno. No princípio do semestre, depois das primeiras aulas, ele queixou-se de que essa abordagem dava muito poder ao terapeuta, em detrimento do cliente. Ponderei com ele que esse era um dos riscos desse modo de trabalhar, o que colocava diante do terapeuta um importante problema ético e a necessidade de sempre ter presente sua humildade como instrumento de controle sobre esse possível poder sobre o outro, de modo a transformar esse poder em algo a serviço do outro. Durante todo o semestre, esse aluno ouviu muito criticamente minhas aulas e, certa feita, fez outra observação digna de nota: perguntou-me se, com esse trabalho, o terapeuta não acabaria perdendo de vista o cliente, passando a atender o diagnóstico. De novo, respondi-lhe que esse é mais um risco, o qual também deve ser considerado com cuidado, de forma que a teoria sobre o cliente não se sobreponha ao cliente, mas seja um meio para melhor compreendê-lo. Esse aluno manteve-se atento e crítico até o fim do semestre, ouvindo e ponderando sobre o que estudávamos; na última aula do módulo, durante a discussão sobre o estilo esquizotípico de relacionamento, quando eu dava como exemplo desse jeito de ser um determinado escritor brasileiro e discutia com toda a turma como eu via isso, esse aluno me interrompeu bruscamente, com os olhos arregalados e um sorriso no rosto, dizendo: "Agora entendi! Você usa isso para compreender as pessoas!" "Bingo!", respondi-lhe. E completei: "Não pode ser outra a fundação de uma tipologia: ajudar a compreender o cliente e ajudar o cliente a se compreender".

O diagnóstico e a queixa

Dadas as linhas gerais a serem verificadas em um processo terapêutico, é hora de fazer uma aproximação da figura trazida pelo cliente, sua dor, sua queixa, o sintoma por ele identificado. Ao estudar a queixa do cliente há de se olhar para sua situação de vida (que geralmente é o que mais se trabalha em psicoterapia de curta duração) e para sua situação clínica, isto é, se ele tem alguma manifestação de algum transtorno psíquico que possa exigir outros tipos de intervenção, como uma atuação medicamentosa a ser feita por um psiquiatra. No processo terapêutico, uma vez resolvida a questão clínica, se houver, o diagnóstico situacional é passo imprescindível para que o terapeuta se coloque a serviço de seu cliente. Esse diagnóstico se dá principalmente pela compreensão da queixa e de seu sentido, além da compreensão da maneira como essa pessoa lida consigo mesma, com sua existência e com seu ambiente.

A queixa apresentada pelo cliente denuncia uma atitude existencial que se tornou insatisfatória, uma configuração cristalizada. É um repetir, um pedir de novo, e de novo, e de novo, e de novo, enfim, é uma interrupção que atrapalha ou impede o processo de desenvolvimento da pessoa. Trata-se de uma Gestalt incompleta que busca, por sua repetição, um fechamento. A queixa é o pedido que o cliente nos faz; por meio dela, ele nos informa sobre o que percebe que não vai bem em sua vida. É seu sofrimento que o cliente nos traz. Para a Gestalt-terapia, o importante é que busquemos compreender o significado dessa queixa, o sentido desse sintoma, bem como a maneira com que o cliente o experiencia. A compreensão de um sintoma passa pela percepção de qual sentido ele faz na vida daquela pessoa naquele momento, isto é, o que o sintoma aponta, que falta ele denuncia, que perspectivas existenciais ele abre. Nesse aspecto, deve-se pensar no sintoma que aquela determinada pessoa tem naquele momento específico e durante aquela determinada relação com o mundo, e em como ela vive isso, ou seja, qual o sentido daquela dor *agora*.

Ao lidar com o sintoma de seu cliente o terapeuta não pode perder de vista que aquele sintoma representa a melhor forma possível de viver nas condições atuais daquela pessoa. O sintoma faz parte de uma história, é um elo de uma extensa corrente de tentativas que o cliente fez para atualizar seu potencial e continuar seu crescimento.

Violet Oaklander (1980, p. 74) tem uma explicação interessante para esse aspecto do sintoma, afirmando que "as crianças fazem o que podem para ir em frente, para sobreviver". Diz a autora que a criança sempre busca avançar, mesmo que, para isso, tenha de agir de modo exageradamente solícito, hostil ou hiperativo, ou que precise se recolher a um mundo criado em sua fantasia ou mesmo ter um medo generalizado com relação às coisas, pessoas e à vida, ou mesmo um apego exagerado a algo ou alguém, ou, ainda, sintomas psicossomáticos. Para Oaklander, embasando essas tentativas de lidar com o mundo há sempre necessidades não satisfeitas, atualizações não completadas que podem gerar uma perda do senso de si próprio.

O sintoma é também uma maneira de continuar a crescer, um ato criativo em prol da vida: não houvesse a possibilidade de a pessoa se desenvolver melhor do que tem conseguido, não haveria dor que a impulsionasse em direção à busca de mudança. O sintoma é a melhor forma que o cliente pôde dar à continuidade de crescimento demandada dele. O que dói é um potencial que não encontrou ainda como se desenvolver suficientemente bem.

Para melhor compreender seu cliente e, assim, ajudá-lo a retomar seu crescimento, uma busca do Gestalt-terapeuta, nesse aspecto do diagnóstico que agora discuto, será pela relação que existe entre a figura (o sintoma) e o fundo, pois é o fundo que dá sentido à figura. Nesse caso, o fundo é, além do estilo de personalidade do cliente, seu momento existencial, o qual inclui sua situação ambiental, sua história, suas possibilidades, enfim, a maneira como se configura sua vida nesse momento, a totalidade que a pessoa é e que deve ser alvo de atenção do terapeuta, sem perder de vista o próprio sintoma, é claro. O que o cliente nos pede é nossa atuação, é um técnico que o ajude a reconfigurar para melhor o que está vivendo.

A pergunta que a queixa traz para o terapeuta diz respeito ao porquê, ao para quê e a como se dá o fato de essa Gestalt não se fechar. O que estará impedindo o fechamento dessa Gestalt? Certamente, falta alguma condição, ou algumas condições para que essa Gestalt se feche, e é por isso que o cliente pede ajuda: ele percebe que sozinho não pode dar conta dessa situação que o aflige, não consegue superar os empecilhos que bloqueiam a continuação de seu crescimento. É função do terapeuta procurar a maneira como essa Gestalt pode se completar para que o indivíduo seja capaz de retomar a possibilidade de crescimento e de desenvolvimento. Para esse fim, o Gestalt-terapeuta estará atento ao modo como o cliente lida, no seu dia-a-dia, com seus contatos, isto é, como ele trafega pelo ciclo de contato. Interessa demais ao Gestalt-terapeuta compreender como o cliente descontinua seu ritmo de contato, em que ponto do ciclo de contato há mais dificuldades para ele caminhar, ou seja, o Gestalt-terapeuta tem sempre um cuidadoso olhar para o(s) ponto(s) de descontinuação mais importante(s) no ciclo do contato de seu cliente.

Em certo sentido, o sintoma é a tentativa de resolução de coisas inacabadas; tentativa de autoatualização. Referindo-se ao conceito de situações inacabadas, Burow (1985, p. 90) afirma que elas têm relação com o princípio da Gestalt fechada, o qual "é a aplicação prática do ponto de vista teórico de que assuntos não resolvidos (= gestalten abertas) tendem a se fechar em gestalten boas e expressivas". Quando mantemos situações inacabadas, gestalten abertas, elas nos consomem energia e concentração, dificultando a lida com outras necessidades. É óbvio que vivemos inevitavelmente com inúmeras situações inacabadas. Não é possível a alguém terminar *tudo* aquilo que iniciou, antes de começar a criar coisas novas. O problema existe quando acumulamos assuntos não resolvidos, os quais procuram se tornar figura, ou quando deixamos abertas gestalten muito importantes, pois aí nossa possibilidade de concentração e de entrega ao que ocorre a cada momento fica, no mínimo, prejudicada. Outra condição em que alguma situação inacabada é especialmente prejudicial diz respeito a vivências traumáticas fortes não trabalhadas suficientemente e que constantemente forçam sua presença no primeiro plano, como casos de sequestros, estupros, alguns acidentes de trânsito com vítimas fatais.

Na medida em que muita energia é investida em dar conta de situações inacabadas, sobra pouca energia para lidar com situações novas e interrompe-se o processo de crescimento. Como afirmam os Polsters (1979, p. 49), nossas experiências ficam suspensas até que as possamos concluir. Claro que a grande maioria das pessoas tem capacidade para conviver com situações inacabadas – não é humanamente possível fechar todas as gestalten abertas. Ainda assim, "estes movimentos não completados *buscam* um completamento e, quando se tornam suficientemente poderosos, o indivíduo é envolvido por preocupações, comportamentos compulsivos, cuidados, energia opressiva e muitas atividades autofrustrantes".

É preciso cuidado, ao se fazer essa etapa do diagnóstico, para que não se pretenda explicar o todo do cliente com base no sintoma, pois isso seria uma perigosa inversão. Outro cuidado importante refere-se ao fato de que o sintoma é um estado, um processo, não algo estático e sem perspectiva de transformação. Ainda outro aspecto importante nessa parte do diagnóstico é o fato de que há um processo saudável sustentando o sintoma que o cliente traz, ou, nas palavras de Rehfeld (1991, p. 28-9), "a doença precisa ser vista como abertura para novas possibilidades existenciais a partir do confronto com determinados impedimentos". O diagnóstico deve, ainda, apoiar-se nos aspectos relacionais, quer seja na maneira como eles aparecem em terapia, quer seja no dia-a-dia do cliente. Deve, finalmente, ter claro que "a complexidade individual nunca se encerra dentro de um diagnóstico" (Augras, 1981, p. 16).

O diagnóstico do terapeuta

Para finalizar o diagnóstico, o terapeuta deve fazer, com cada cliente e a cada situação terapêutica, um diagnóstico de si mesmo. É preciso que o terapeuta tenha o mais claro possível o que o motiva a trabalhar com aquela pessoa, que sensações, que sentimentos, que reflexões aquela pessoa provoca. Isso é muito mais do que lidar com os aspectos contratransferenciais da situação clínica, embora um cuidado com esses aspectos seja também vital. O diagnóstico que o terapeuta faz de si próprio ante aquele cliente é a melhor medida que ele tem sobre sua competência, ou não, sobre sua disponibilidade, ou não, no processo e a cada sessão, para dispor-se a viver aquela aventura, para entrar naquela relação. Como bem assinala Fuhr (2001, p. 145), referindo--se à situação terapêutica, mas com valor também para todo o processo terapêutico, "a condição pessoal do conselheiro (para nós, do terapeuta) no começo do processo é, obviamente, importante também: se ele está 'esvaziado' para escutar o cliente ou se ele precisa de um pouco mais de tempo para 'chegar', se há incertezas em relação ao contrato ou se há uma Gestalt aberta da sessão anterior". Somente após esse "autodiagnóstico" o terapeuta estará suficientemente esclarecido para viver aquilo que é o ponto fulcral de um processo Gestalt-terapêutico, a relação.

7. A relação psicoterapêutica

A relação terapêutica certamente é um dos temas mais estudados na psicologia. Em função disso, apresentarei neste item apenas alguns de seus aspectos básicos, aqueles que me parecem ser os mais importantes para uma psicoterapia de curta duração fundamentada na Gestalt-terapia. Vou me apoiar principalmente em Carl Rogers, um dos paradigmas nesse tema; no tocante às especificidades da Gestalt-terapia, principalmente em Richard Hycner, um dos mais importantes estudiosos gestálticos da relação dialógica; e em Gary Yontef, um profundo estudioso da relação terapêutica em Gestalt-terapia. Minha intenção aqui é fazer uma breve revisão de alguns conceitos hoje clássicos acerca do assunto, apontando certas especificidades do processo de psicoterapia de curta duração no que diz respeito à relação terapêutica.

A Gestalt-terapia é, essencialmente, uma terapia relacional.[1] Relacional e dialógica. Isso significa que toda a prática gestáltica se fundamenta na possibilidade de encontro entre o terapeuta e seu cliente, seja um cliente individual, seja um grupo. Todo o trabalho terapêutico em Gestalt-terapia está calcado na possibilidade de que se estabeleça entre as pessoas envolvidas uma relação, a relação psicoterapêutica, ou, como mais comumente é chamada, a relação terapêutica. O fundamento último para essa postura em Gestalt-terapia é o fato de que o ser humano é, intrinsecamente, um ser em relação. Não há como compreendermos o ser humano senão como um ser relacional por excelência: desde mesmo antes de nascer, e durante toda a sua existência, o ser humano está sempre em relação com o mundo, com os outros, consigo mesmo. Uma das formas de relação humana, exclusividade do atual mundo ocidental, é a relação psicoterapêutica, a qual tem suas especificidades, especialmente se tratamos de psicoterapia de curta duração.

A aliança terapêutica

A primeira especificidade da relação terapêutica, a primeira exigência para que a relação possa efetivamente ser terapêutica, é a que diz respeito à formação da aliança terapêutica, a necessidade de que terapeuta e cliente tenham, desde o começo do trabalho, uma visão a mais clara possível acerca do compromisso que envolve cada um dos dois

---

1 A questão da relação é tão importante na Gestalt-terapia, que Yontef (2006, p. 1) chega a afirmar que "a perspectiva relacional é tão central para a teoria da Gestalt-terapia que sem ela não há um núcleo coerente para a teoria e a prática gestálticas".

componentes da díade, como já comentei anteriormente. Em função de suas peculiaridades, a psicoterapia de curta duração se apoia ainda mais na aliança terapêutica do que a psicoterapia de longo prazo, pois o trabalho de curta duração exige do cliente – e do terapeuta – um tipo de concentração, de força de vontade e de focalização, portanto, um tipo de comprometimento, que leva em conta variáveis diferentes daquelas presentes na psicoterapia de longo prazo. Por exemplo, aqui cliente e terapeuta são mais ativos que na psicoterapia de longo prazo, fato que deve estar presente na consciência de cada parte da díade terapeuta-cliente.

Os psicanalistas Sandler, Dare e Holder (1979, p. 24) definem a aliança terapêutica como "o relacionamento não-neurótico, racional, sensato que o paciente tem com seu analista e que lhe possibilita trabalhar com afinco na situação analítica". É a aliança terapêutica que abre a possibilidade de que cada membro da díade se empenhe conscientemente no trabalho psicoterapêutico e faça a sua parte. Como já vimos, a aliança terapêutica não se esgota no comparecimento às sessões e não pode se basear no prazer ou gratificação que o cliente talvez sinta durante o processo psicoterapêutico, pois é principalmente nos momentos mais difíceis de uma psicoterapia que se faz uso dessa aliança, a qual, é bom lembrar, fundamenta-se não só no desejo de mudança e de melhora, mas – às vezes até preferencialmente – na força de vontade tantas vezes necessária para encarar as eventuais resistências e as dores do processo de crescimento.

Em um trabalho com psicoterapia de curta duração, principalmente em função do tipo de exigências que se faz ao cliente no que diz respeito ao seu empenho consciente no processo, é fundamental uma avaliação sobre a capacidade do cliente de desenvolver uma aliança terapêutica. Essa capacidade está fundamentada em sua capacidade de *awareness*, pois, como afirmam PHG (1997, p. 61),

> se a *awareness* de si próprio é uma força integrativa, então desde o começo o paciente é um parceiro ativo no trabalho, como um treinando em psicoterapia. E a ênfase desloca-se do ponto de vista bastante cômodo de que ele está doente para o ponto de vista de que ele está aprendendo alguma coisa, porque a psicoterapia é obviamente uma disciplina humana, um desenvolvimento da dialética socrática.

Convém lembrar que a dialética socrática se caracteriza por uma abertura à descoberta, ao desvelamento do que se vive. Não se trata de uma investigação técnica e normativa, e sim de uma disposição para experienciar o descobrir e não se prender em ideias fixas.

Mas voltemos à aliança terapêutica. Também ao psicoterapeuta compete se inquirir se é capaz de manter uma aliança terapêutica com cada determinado cliente. A possibilidade da formação da aliança terapêutica entre terapeuta e cliente determina a possibilidade de vinculação e de diálogo entre eles.

O desejo de melhorar faz parte da fatia do cliente na aliança terapêutica, mas esta não pode se reduzir àquele. Se a aliança terapêutica se fundamenta apenas no desejo de melhora, há um sério risco de que se criem expectativas mágicas acerca do andamento da psicoterapia. Pelo contrário, se a aliança terapêutica se fundamenta no desejo de melhora *e* na aceitação de que há obstáculos (internos e externos) a serem enfrentados, na aceitação de que há evitações a serem superadas, na aceitação de que em muitos momentos a psicoterapia exige coragem, fica relativamente claro para o cliente que o processo terapêutico não pode ser conduzido apenas pelo terapeuta – ele é fruto de uma aliança, de um pacto.

Outro aspecto importante quanto à possibilidade de o cliente estabelecer uma aliança terapêutica é o que diz respeito à sua capacidade de relacionamentos e de vivência de intimidade. Quanto melhor for a história de suas relações, principalmente as familiares, tanto melhor será a aliança formada na relação terapêutica. Assim, por exemplo, terá maior possibilidade de se aproveitar da psicoterapia (principalmente da de curta duração) aquela pessoa que tenha, ou tenha tido, uma família acolhedora e amizades íntimas, ao contrário daquela que não tenha ainda experimentado algum vínculo profundo na vida. Nesse aspecto de vivências de intimidade, essa afirmativa é válida também para o terapeuta: ele precisa se cuidar, precisa desenvolver sua coragem de estar intimamente com amigos, ter amigos, principalmente para que não tenha na atuação profissional sua única ou até mais importante fonte de autoestima. Se o mundo profissional de uma pessoa deve ser uma das fontes de autoestima, ele deve também estar bem acompanhado por outras fontes para que o profissional possa se sentir mais congruente.

É importante lembrar que, como já vimos, também da parte do terapeuta se faz necessária uma participação nesse pacto, nessa aliança. Também o terapeuta precisa, em muitos momentos, de sua força de vontade, de sua coragem para participar do processo terapêutico, não lhe bastando a técnica e o conhecimento teórico ou, ainda, a paixão profissional. O terapeuta há de se perguntar, a cada cliente, se é capaz de mobilizar-se suficientemente a ponto de se fazer presença na vida do cliente enquanto durar a psicoterapia. As mudanças em psicoterapia não são provenientes de uma influência exercida pelo terapeuta, mas, antes, de algo que acontece entre pessoas, as quais estão ambas em processo, ambas interagindo no processo, ambas se desvelando e se modificando no processo.

Parece-me importante lembrar que, se a aliança terapêutica é racional, ela não é somente racional. A boa aliança terapêutica tem um componente afetivo importante, fruto de uma confiança que, paulatina e progressivamente, se estabelece entre cliente e terapeuta. Principalmente em função desse componente afetivo, a aliança terapêutica não é constante durante o processo psicoterápico, podendo mesmo chegar, em alguns momentos, a ser tema de conversas e de atitudes visantes a desenvolvê-la.

Se a aliança terapêutica é algo referente ao terapeuta e a seu cliente, há outras questões que dizem respeito mais especificamente a um ou ao outro quando se busca uma boa relação terapêutica. É óbvio que o campo da psicoterapia é construído pelo terapeuta e pelo cliente, não havendo a possibilidade de que se coloque algo como de responsabilidade de apenas um deles; ainda assim, é preciso refletir acerca do que compete mais ao terapeuta e do que compete mais ao cliente na construção desse campo específico. Aqui, interessa-me mais, por causa do propósito deste livro, o que compete ao terapeuta, de modo que é à participação do terapeuta no campo da psicoterapia que darei maior ênfase doravante.

A atitude do terapeuta

Santos (1982, p. 136), baseado em Carl Rogers, aponta que, para que possa haver uma boa relação terapêutica, a atitude do terapeuta nessa relação é chave. Essa atitude tem três pilares básicos: "1) Congruência e autenticidade, ou seja, uma relação genuína e sem fachadas; 2) respeito positivo incondicional ao cliente, o que significa aceitá-lo como ele é; 3) empatia ou ter o terapeuta senso do mundo interno do cliente, como se fosse ele próprio". Segundo Serge e Anne Ginger (1995, p. 151), o Gestalt-terapeuta está, de alguma forma, "em *empatia* com o cliente, ou seja, '*nele*'; em *congruência* comigo mesmo, ou seja, '*em mim*'; em *simpatia* na relação *Eu/Tu*, ou seja, '*entre nós*'". De maneira muito semelhante, para Buber as três atitudes básicas são: 1) a presença; 2) uma comunicação genuína e sem reservas; 3) a inclusão (Hycner, 1997, p. 77).

Congruência

A congruência de que falam Santos e os Ginger é dependente de uma boa *awareness*, pois pode ser descrita como uma precisa afinação entre o experimentado, o conscientizado e o expresso em cada dado momento. É a congruência que permite ao terapeuta ser real, autêntico, coerente quanto a seus atos e suas palavras. A congruência abre para o terapeuta a possibilidade de que faça da relação terapêutica uma relação pessoa a pessoa, portanto, uma relação mais humana. Para Carl Rogers (1977, p. 61), o terapeuta congruente "dispõe dos sentimentos que está vivenciando, dispõe de sua consciência dos sentimentos e é capaz de vivê-los, ser esses sentimentos, e é capaz de comunicá-los, se isso for adequado". Conclui Rogers: "Ninguém atinge totalmente essa condição, embora quanto mais o terapeuta for capaz de aceitar e ouvir o que se passa com ele, e quanto mais for capaz de, sem medo, ser a complexidade de seus sentimentos, mais alto será o grau de sua congruência".

Um cuidado que é preciso ter com a congruência diz respeito à autenticidade. Um terapeuta congruente não é aquele que fala tudo que pensa ao seu cliente, mas, antes, aquele que expressa de si para o cliente aquilo que acredita ser benéfico naquele momento terapêutico, isto é, aquilo que pode ser útil para o cliente e/ou aquilo que possa estar impedindo ou atrapalhando o terapeuta e que precisa ser verbalizado ou limpado a fim de permitir a formação de novas *gestalten*. Isso se baseia no fato de que o terapeuta congruente não perde de vista que está a serviço do cliente: em todo processo terapêutico, o cliente é a figura e o terapeuta, o fundo. Assim, o autêntico não é o totalmente desvelado, mas aquele que se revela a serviço do outro.

Na Gestalt-terapia de curta duração, a congruência é ainda mais importante (se é que isso é possível) do que em um trabalho de longa duração. O trabalho de curta duração exige do terapeuta uma postura mais ativa, haja vista que ele tem limites diferentes e um determinado tempo para dar cabo de sua tarefa. Isso torna mais delicado e mais trabalhoso para o terapeuta lidar com as delimitações para sua autenticidade, além de exigir dele uma *awareness* mais refinada e mais rápida, especialmente quanto aos seus sentimentos. O terapeuta precisa também de uma maior e melhor agilidade no discernimento sobre o quanto de si pode e/ou deve revelar a serviço do cliente, e esse é um dos principais motivos pelos quais se recomenda que a psicoterapia de curta duração seja exercida preferencialmente por terapeutas mais experientes.

A aceitação do cliente

Paralela e complementar à congruência, a aceitação é a capacidade de não julgar o outro – o que implica, de certa forma, que o terapeuta deva ser amoral. Um terapeuta amoral não é um terapeuta sem valores, mas um terapeuta que enfrentou o dilema sobre a interferência de seus valores pessoais no processo de crescimento do cliente. Para um Gestalt-terapeuta, isso significa que ele descobriu que sua presença não pode ser anulada por uma busca de neutralidade ou de um certo distanciamento, pois a sensibilidade do cliente está aberta às reações do terapeuta, mesmo que isso não seja explicitado ou até mesmo conscientizado. Essa presença do Gestalt-terapeuta também deve ser sensível a ponto de não tomar o espaço do cliente. Como reflete Rachel Rosenberg (1987, p. 87), "o delicado equilíbrio se coloca no profissional que está presente com sua *disponibilidade* e que, sem desejar conduzir ou mesmo julgar o seu interlocutor, é capaz de ouvi-lo e responder-lhe tendo por critério sua busca de uma realização mais autêntica e, portanto, mais plena".

Para Rosenberg, o critério de atualização e verdade é em muito diferente de propósitos como "felicidade", "adaptação", "normalidade", posto que esses critérios pressupõem uma definição prévia do que a pessoa deve buscar, o que pode desviá-la de sua busca mais real e autêntica. O risco que se levanta aqui, quando o terapeuta tem uma verdade a dar para seu cliente, é que o terapeuta pode passar a decidir pelo cliente em vez de acompanhá-lo em sua própria jornada e em suas descobertas pessoais e únicas. Essa busca pessoal do cliente, "empreendida a partir de necessidades daquele momento do indivíduo, traz alternativas mais satisfatórias para ele que a solução comodista e lógica (vinda de fora) para qualquer problema" (Rosenberg, 1987, p. 87). Por isso, aceitar o outro tal qual ele é constitui, certamente, um dos segredos da psicoterapia bem-sucedida. É por meio da experiência de ser acolhida sem julgamento que a pessoa descobre como acolher-se a si mesma com tolerância e respeito.

Ao encontrar quem o ouça verdadeiramente e sem rejeitar seus sentimentos, o cliente vai se tornando capaz de ouvir-se desse modo também. Amplia sua *awareness*, aceita seus sentimentos como algo que lhe é dado, reconhece melhor seus estados emocionais e diferencia mais claramente o sentimento do ato, de modo que, por exemplo, pode se sentir com raiva de alguém sem temer que essa raiva o obrigue a agredir esse alguém. Assim, devagar, o cliente vai desenvolvendo a capacidade de acolher o que antes reprimia ou negava, tornando-se capaz de se aceitar melhor. Ao lado disso, em um aspecto muito importante para a Gestalt-terapia, o cliente vai aprendendo a exprimir mais franca, respeitosa e claramente o que sente ou pensa. Torna-se também mais capaz de escolher com maior liberdade quando quer manter fachadas e quando prefere abdicar delas para um encontro mais genuíno. Tudo isso sem mágica e sem que se possa atribuir esses desenvolvimentos apenas a esse tipo de aceitação – a aceitação positiva do cliente não é a única atitude do terapeuta que facilitará esses amadurecimentos, mas é básica.

É importante lembrar que a aceitação do cliente não implica abdicar de confrontos com o cliente. Ao terapeuta compete uma delicada missão: aceitar seu cliente ao mesmo tempo em que o confronta nas evitações e nas manipulações que faz. O terapeuta pode não aceitar algo de seu cliente ou algo feito por seu cliente aceitando plenamente seu cliente. Dizendo gestalticamente, o terapeuta deve ter cuidado para não confundir a parte com o todo. Quando se fala em respeitar sem rejeitar os sentimentos do cliente, está-se falando de uma aceitação dos sentimentos, não de uma ausência de postura crítica com relação a eles. Eu posso aceitar o ódio que sinto por determinada pessoa e, concomitantemente, criticar esse ódio, trabalhando, por exemplo, minhas invejas ou minhas dores. É assim que se ouvem os sentimentos. No sentido contrário, ao rejeitar um sentimento, ou mesmo um pensamento, não permito a *awareness* do sentido desse sentimento ou pensamento e atrapalho meu crescimento.

Com relação aos clientes que nos procuram, cumpre lembrar que todos nós temos limites quanto à nossa capacidade de aceitação. E precisamos conhecer esses limites e respeitá-los. Um terapeuta não deve atender todos aqueles que o procuram, mesmo que esteja precisando de mais trabalho naquele momento; ele deve ter critérios cuidadosos e éticos que lhe apontem limites, especialmente aquelas situações em que é melhor encaminhar a pessoa que nos procura para um colega mais apto a atendê-la. Um dos casos mais marcantes que vivi em minha carreira a respeito desses limites para o atendimento ocorreu há alguns anos, quando me procurou para terapia um seminarista católico que se queixava de ser pedófilo. Eu o recebi e fizemos apenas três sessões antes que decidíssemos não continuar o processo. No contato com esse cliente, rapidamente percebi que seu problema maior não era exatamente a pedofilia, mas seu estilo de personalidade. Esse cliente era uma pessoa de personalidade antissocial e, perceptivo ao mundo externo como a maioria dessas pessoas, procurara a terapia porque imaginava que, assim fazendo, continuaria no seminário e acabaria por se ordenar padre. Com muita rapidez, ele percebeu minha angústia e meu tremendo mal-estar quando ele relatava alguma conquista que fazia com alguma criança, e passava a contar ainda mais detalhadamente como procedia e o que sentia ao seduzir uma criança. Embora eu saiba que posso atender e aceitar clientes que sofram e façam sofrer por causa de sua pedofilia, aquele cliente me foi impossível aceitar – já ao cabo da segunda sessão eu não tinha dúvidas quanto a isso. Então, iniciei a terceira sessão colocando a ele minha impossibilidade de acompanhá-lo no processo terapêutico e me propondo a lhe indicar um outro profissional para atendê-lo. Não foi sem certo alívio que recebi dele a resposta de que também ele não poderia continuar, pois havia sido desligado do seminário e voltaria para sua terra natal, muito longe de São Paulo, onde moro. Recomendei-lhe que procurasse ajuda por lá e guardei essa história como um de meus exemplos mais flagrantes sobre os limites da aceitação do cliente por parte do terapeuta.

Especialmente em uma psicoterapia de curta duração, quando o terapeuta se sente confiante acerca de sua possibilidade de aceitação do cliente – o que, felizmente, é o mais comum –, sem se descuidar do delicado equilíbrio de que falou Rosenberg, o terapeuta pode (e deve) explicitar mais seu acolhimento que em uma terapia mais longa, na qual ele tem mais tempo para construir a confiança necessária para que o cliente seja capaz de dar-se conta da verossimilhança da atitude do terapeuta. Assim, em um processo de curta duração, esse acolhimento pode (e deve) ser mais explícito, mais verbalizado, mais corporificado em gestos, toques e atitudes do terapeuta. Por isso, mais uma vez a experiência do terapeuta faz diferença em um processo de psicoterapia de curta duração, principalmente por dois motivos: 1) o acolhimento precisa ser verdadeiro, e será tão mais verdadeiro quanto mais trabalhado pessoalmente e menos preconceituoso for o terapeuta, e isso é coisa que se adquire especialmente com o tempo; 2) a percepção da medida da confiança do outro é coisa que só se adquire com muita experiência em psicoterapia; após alguns anos de trabalho, a sensibilidade do terapeuta estará suficientemente desenvolvida para notar com rapidez o quanto as projeções do cliente podem fazer que este perceba a acolhida mais explícita do terapeuta apenas como atuação e, assim, se retraia, em vez de se entregar à acolhida do terapeuta. Essa experiência profissional do terapeuta lhe facilitará dosar melhor o tom da acolhida de acordo com a percepção sensível e refinada da reação do outro, mantendo a chama do encontro viva e delicadamente calorosa.

A empatia e a inclusão

Parte desse calor depende de uma compreensão mais profunda do mundo do outro. A empatia é uma tentativa de alcançar uma percepção o mais real possível da outra pessoa. Em Gestalt-terapia, o terapeuta busca, mais do que a empatia, a inclusão, uma vez que o conceito buberiano de inclusão transcende o conceito da empatia e o inclui. A diferença básica é o fato de que na empatia a ênfase é no outro, ao passo que a inclusão lida com o que ocorre entre as duas pessoas, envolve a alteridade e a subjetividade de quem a pratica. Segundo Hycner (1997, p. 44), Buber assim define a inclusão:

> Seus elementos são: primeiro, a relação, não importa de que tipo, entre duas pessoas; segundo, um acontecimento experienciado em comum por elas, em que pelo menos uma participe ativamente; e, terceiro, o fato de que essa pessoa, sem ser privada de qualquer aspecto da realidade sentida de sua atividade, ao mesmo tempo vive o acontecimento comum do ponto de vista do outro. Uma relação entre duas pessoas que se caracterize em maior ou menor grau pelo elemento da inclusão pode ser denominada de relação dialógica.

Em psicoterapia, podemos definir a inclusão como a capacidade, por parte do terapeuta, de "tanto humanamente quanto possível, tentar experienciar o que o cliente está experienciando do seu lado do diálogo. [...] A inclusão é o movimento de 'ir-e-vir', de ser capaz de pular para o outro lado e ainda assim permanecer centrado na própria existência" (Hycner, 1997, p. 42). A inclusão transcende a empatia porque envolve uma experiência de ausência de si nos momentos em que ocorre – embora, ainda assim, nesses momentos o terapeuta deva manter seu centramento. Da mesma maneira que os momentos Eu-Tu em terapia, a inclusão é uma graça e exige, por parte do terapeuta, disponibilidade para que ocorra, pois ela não pode ser forçada e nem é fruto de deliberações racionais. A inclusão só ocorre quando o terapeuta tem "um forte sentido de seu centro e, ao mesmo tempo, flexibilidade existencial e psicológica para experienciar o outro lado; além disso, deve ser capaz de entrar no movimento de ir-e-vir entre os dois lados, e mantê-lo" (Hycner, 1997, p. 43). A inclusão não é um ato cognitivo e dependente da vontade, mas "uma *postura existencial* que incorpora paradoxalmente a experiência do outro (o 'não-eu-como-vivido-por-mim') sem perder a minha experiência". Exige "uma *fluidez existencial* entre a minha experiência, e a minha experiência no lugar do meu cliente – em *especial* quando a sua experiência é radicalmente divergente da minha" (Hycner, 1997, p. 64, grifos do autor). Em outros termos, podemos dizer que a inclusão depende da *awareness* do terapeuta e está sedimentada em uma profunda e aventureira abertura para o contato com o outro.

A fim de que a inclusão possa ocorrer verdadeiramente, é mister que o terapeuta seja generoso, no sentido de se permitir esvaziar-se de si, uma vez que, como esclarece Hycner, ao esvaziar-se, o terapeuta permite que um vazio criativo apareça e seja preenchido pela experiência do outro. Isso é o que Hycner chama de abertura ontológica, a qual é essencial para que o terapeuta se esvazie, abrindo lugar, praticamente todo o lugar, para o outro. Aliás, essa postura é essencial em um trabalho fenomenológico em psicoterapia, sem que implique muita reserva ou distanciamento com relação ao cliente. Esvaziar-se aqui é a capacidade de fazer-se presente para o outro, à disposição do outro, a serviço do outro.

Inclusão e aceitação do cliente como ele são atitudes muito próximas e correlacionadas. Gary Yontef (2002, p. 14), por exemplo, depois de lembrar que a inclusão está fundamentada na teoria paradoxal da mudança, argumenta que "contatando o paciente dessa maneira e não pretendendo mudá-lo, conhecendo o paciente e não pretendendo fazer o paciente diferente, dá ao paciente suporte para o crescimento através da identificação com sua própria experiência".

Em Gestalt-terapia de curta duração, a inclusão é um dos melhores catalisadores do processo. Na medida em que o terapeuta pode mais profundamente ver e viver o mundo do outro, ele pode dispor de melhores recursos técnicos para ajudar o cliente e para agilizar o processo terapêutico. Por seu turno, o cliente, ao se perceber mais profundamente percebido, pode se arriscar a mais profundamente se perceber e, assim, melhor se conhecer.

O diálogo

A premissa básica que sustenta a importância da congruência, do acolhimento e da inclusão para a relação terapêutica é a de que a boa psicoterapia se dá por meio da alteridade. Ou, como diz Buber (in: Hycner, 1997, p. 81),

> o crescimento íntimo do *self* não é alcançado, como gostam de supor as pessoas nos dias de hoje, na relação do homem consigo próprio, mas na relação de um com o outro, entre homens. Isso acontece, de forma destacada, na mutualidade do fazer-se presente – no tornar presente um outro *self* e pelo conhecimento de que nos tornamos presentes em nosso próprio *self* pelo outro – junto com a mutualidade da aceitação, da afirmação e da confirmação.

Essa experiência de mutualidade está baseada, em Gestalt-terapia, principalmente nas teorizações de Martin Buber acerca das relações Eu-Tu e Eu-Isso. É com fundamento em Buber que podemos afirmar que a Gestalt-terapia é uma terapia dialógica, ou seja, para ocorrer a psicoterapia, é preciso que ocorra uma diálogo entre terapeuta e cliente. Mais até do que isso, em Gestalt-terapia a dialogia fundamenta tudo que acontece entre terapeuta e cliente. As intervenções do terapeuta – e as reações do cliente – surgem do entre vivido na situação terapêutica, conforme já vimos, pois, como nos ensina a psicologia da Gestalt, o todo, a situação terapêutica, é diferente da soma das partes.

É preciso que notemos, no entanto, que essa mutualidade que caracteriza a relação terapêutica dialógica não implica, ao menos no início da psicoterapia, uma horizontalidade ou uma ausência completa de hierarquia na relação. Concordo com Frazão (1999a, p. 2), quando ela salienta que "a experiência clínica nos mostra que, na maioria das vezes, o que traz o paciente à terapia é justamente sua impossibilidade de verdadeiramente *ser* e, deste lugar, estabelecer ou manter relações", o que vai se repetir ante o terapeuta. Em terapia, o cliente, ao menos no princípio e geralmente por muito tempo, terá dificuldade em ser real e autêntico, em abandonar a máscara. Por causa disso, a relação terapêutica não alcançará verdadeira mutualidade e autenticidade, não podendo, portanto, ser chamada estritamente de "dialógica". É muito relevante, contudo, que o terapeuta mantenha uma atitude dialógica, pois a possibilidade do dialógico está latente, denunciada pela dor que traz o cliente à psicoterapia. Essa atitude dialógica por parte do terapeuta desde o princípio do trabalho – uma abertura acolhedora, real e honesta ao diálogo, à afirmação e confirmação do outro – é um convite para que o cliente se experimente de um jeito novo. Obviamente, essa atitude é apenas um convite, não representa a garantia de que o cliente vá aceitar o chamado e vivenciar mais profundamente o diálogo na relação. Às vezes, o cliente precisa de muito tempo a fim de encontrar as necessárias coragem e disponibilidade para aceitar esse convite; às vezes, até o tempo da terapia é estreito demais para que o cliente consiga. Não importa: há sementes que levam anos para germinar, mas, ainda assim, têm de ser lançadas à terra.

A atitude dialógica por parte do terapeuta permite ao cliente diferenciar-se e se singularizar – alicerces da liberdade, meta última da psicoterapia. Em uma psicoterapia de curta duração, parece-me que essa atitude dialógica é básica: encoraja o cliente, motiva-o a cumprir com sua parte na exploração terapêutica, amplia nele a confiança na possibilidade do diálogo e, por via deste, na possibilidade do incremento de sua integração pessoal. Mesmo que os melhores frutos só venham tempos depois do encontro concreto da díade terapeuta-cliente.

O diálogo e o poder

Há outra questão que me parece de suma importância no que é pertinente à relação dialógica em psicoterapia, e que diz respeito ao poder. Alguns teóricos, especialmente na psicologia humanista, defendem a ideia de que a relação terapêutica é horizontal, com o que não concordo. Penso que ela existe para se tornar horizontal, mas que ela parte e se fundamenta em certa verticalidade, haja vista que o terapeuta é procurado como um curador, como alguém que vai, com base em seus conhecimentos e técnicas, auxiliar a outra pessoa a superar ou, ao menos, mitigar seus sofrimentos. Quando o cliente procura um terapeuta, traz um pedido de ajuda e traz uma delegação de poder para o terapeuta. Esse cliente já tentou sozinho, já conversou com amigos (ou não confiou que pudesse conversar com amigos), já transitou por suas relações horizontais e não encontrou um bom jeito de lidar consigo e com suas dificuldades. O cliente reconhece no terapeuta uma autoridade e não quer ser seu amigo – ele quer ser cliente. Ele entrega ao terapeuta seus segredos, seu sentimento, sua alma, e espera que o terapeuta saiba melhor do que ele o que fazer com isso, e o ajude a saber também. Ele empresta ao terapeuta um poder, e é necessário e legítimo que o terapeuta use esse poder. Um uso baseado na autoridade, sem autoritarismo e sem omissão. Como bem assinala Frazão (1999a, p. 10), esse cliente está em busca de um profissional especializado, o que nos coloca, enquanto psicólogos, como autoridade do campo da psicologia, especialistas em psicologia. Essa autoridade, diz Frazão, traz, para o terapeuta, responsabilidade em relação ao cliente, "responsabilidade não *por ele*, mas *em relação a ele*: a responsabilidade do cuidar" (grifos da autora).

Em uma psicoterapia de curta duração, a questão da autoridade é ainda mais presente. Em função do tipo de trabalho e dos limites que lhe são inerentes, a participação do terapeuta é mais ativa, sua autoridade é mais explícita e seu papel como técnico é mais saliente. Em uma certa e delicada medida, o terapeuta assume na psicoterapia de curta duração um papel de docente especializado, quer dizer, ele assume mais explicitamente a autoridade que lhe é emprestada pelo cliente e aparece mais como um especialista, sem perder sua qualidade de pessoa e sua autenticidade, sem perder de vista que ele não é de fato um docente e que o cliente não está ali para aprender lições sobre como viver melhor, mas para descobrir como viver melhor.

É importante realçar que a autoridade do terapeuta é *emprestada* pelo cliente, uma vez que, em última instância, o cliente é que tem autoridade sobre si, sobre sua vida, sobre as decisões que toma e as escolhas que faz. O terapeuta é um auxiliar nesse processo. Também por isso, mais do que em um trabalho de longa duração, em uma psicoterapia de curta duração, a questão da humildade do terapeuta é crucial. Pelo poder que lhe é emprestado e pela forma de poder que deve assumir para dar andamento a seu trabalho, o terapeuta está facilmente sujeito a cair na armadilha da onipotência e passar a trabalhar apoiado em seu narcisismo, deixando de estar a serviço do cliente para se colocar a serviço de uma aparência, de uma projeção social e profissional, assumindo um saber apoiado na soberba, tomando posse de uma verdade como se ela fosse a verdade. Essa é a base para um jogo de aparências que, no fim das contas, acaba por colocar o cliente a serviço do terapeuta, em uma inversão desastrosa e perigosa.

O trabalho terapêutico, quer seja em uma psicoterapia de curta duração, quer seja em um trabalho longo, exige do terapeuta humildade para conhecer e reconhecer suas limitações, as limitações de seu conhecimento e a limitação mais característica do trabalho psicoterapêutico: ele é sempre um trabalho singular e único com cada cliente. Essa humildade, quando alcançada pelo terapeuta, facilita uma maior mutualidade na relação e favorece a humanização da relação entre cliente e terapeuta. Mutualidade, aqui, no entanto, "não significa nem igualdade, nem simetria. Pelo contrário: mutualidade verdadeira implica diferença, reciprocidade e troca" (Frazão, 1999a, p. 12).

O diálogo amoroso

O melhor caminho para que o terapeuta cuide bem de sua necessária humildade é a própria terapia. O terapeuta é seu melhor instrumento em um processo terapêutico, de modo que é preciso que ele conheça bem esse instrumento, que ele tenha se libertado da maioria de suas amarras e, essencialmente, que ele tenha disponível o mais possível sua capacidade de amar. O bom terapeuta é uma pessoa amorosa. Não no sentido de que ele não tenha raivas, rancores, medos e tristezas, mas no sentido de que a esperança seja a luz mais disponível em seu ser. É a partir dessa capacidade amorosa que verdadeiramente o terapeuta pode confirmar o outro como parceiro da existência e, assim, facilitar ao cliente que ele afirme e valide com confiança e liberdade o sentido e a pertinência de sua própria vida neste mundo.

Como bem destaca Cardella (1994, p. 75),

> o amor é uma atitude diante da existência, e nós, psicoterapeutas, exercitamos esse amor no encontro com os clientes. [...] Sem amor não podemos tocar o outro em sua profundidade, nem compreender seu mundo; sem amor, não há técnica nem instrumento que possa ajudar o outro a renascer e acreditar em si mesmo; sem amor, não há atitude que crie cumplicidade, intimidade e confiança; não é possível encontrar verdadeiramente alguém. Sem amor não existe diálogo.

Em uma psicoterapia de curta duração, a maneira mais cuidadosa de se manejar o amor me parece ser ouvir o conselho de Carl Rogers (1987, p. 73): "Será mais prudente se o terapeuta, evitando os extremos da reserva ou da ultraimplicação, criar uma relação caracterizada pelo calor, pelo interesse, capacidade de resposta de uma dedicação afetiva em um grau limitado com clareza e precisão".

Um dos possíveis empecilhos a essa disposição amorosa por parte do terapeuta é que ela deve ser, mais do que em qualquer outra relação, desapegada. Quando estudante, li, em um dos livros de Rollo May, de cujo título não me recordo, que a psicoterapia traz um paradoxo, ela existe para não existir. Trabalhamos para que nosso cliente não precise mais de nós, tornando-se seu próprio terapeuta. Há pouco tempo, em um congresso da abordagem gestáltica, ouvi de Lilian Frazão um aprofundamento dessa lição de May: a relação terapêutica é a *única* relação que existe para não existir. Isso é maravilhoso e terrível. Coloca-nos diante da possibilidade, eu diria até da necessidade, de nos fazermos, a cada momento terapêutico, prescindíveis. Presentes, agentes, disponíveis, íntimos, prescindíveis. Paradoxal.

Para finalizar essas reflexões sobre o amor, quero considerar o outro lado: o amor que o cliente dedica ao terapeuta. Aqui penso que há uma enorme confusão por parte de alguns psicoterapeutas, provavelmente por causa de uma má compreensão dos conceitos psicanalíticos de transferência e contratransferência. De maneira geral, tenho percebido que os psicoterapeutas têm medo de serem amados por seus clientes. Desconfiam de qualquer sentimento de gratidão por parte deles. Têm imensa dificuldade para diferenciar momentos e situações de amor verdadeiro ou de verdadeira gratidão do cliente e momentos em que está em jogo um problema transferencial. A maioria dos terapeutas que conheço se defende computando sempre como problema transferencial todos os atos amorosos dos clientes, o que, não raro, desqualifica o trabalho terapêutico já realizado.

Sei que são muitos, talvez mesmo maioria, os atos aparentemente amorosos e os sentimentos de gratidão e/ou de amor motivados por problemas transferenciais. Mas há também atos e sentimentos verdadeiramente amorosos, não necessariamente sexuais. O terapeuta é chamado a entrar na vida de uma pessoa para fazer diferença, para ajudar essa pessoa a ser diferente. Quando bem-sucedida, a terapia termina com uma aura de gratidão, especialmente por parte do cliente, mas não é apenas no final que essa gratidão pode ou deve ser aceita como autêntica – ela deve e pode ser aceita como autêntica sempre que for autêntica.

Sei que é mais difícil nos permitirmos ser amados nas circunstâncias da psicoterapia, a relação que existe para não existir. Quando nos percebemos amados, o desapego fica mais difícil, o risco de atuarmos contratransferencialmente aumenta, a necessária verticalidade da terapia fica ameaçada. É preciso estarmos atentos, muito atentos, a tudo isso. Mas essa atenção não pode se tornar defesa mal elaborada do terapeuta, negação da humanidade presente na troca terapêutica. É preciso cuidado, e, igualmente, é preciso coragem. Senão, o diálogo torna-se apenas uma bela palavra nos livros teóricos.

8. Algumas questões adicionais

A transferência

Quero agora fazer algumas considerações acerca de um tema pertinente à relação terapêutica que é pouco discutido nas abordagens humanistas e, especialmente, na Gestalt-terapia: a transferência, fenômeno central no tratamento psicanalítico, e sua contrapartida, a contratransferência. Se na psicanálise e, por extensão, na psicoterapia breve de base psicanalítica, esse fenômeno atrai a atenção do analista e fundamenta todo o seu trabalho, em um processo de psicoterapia de curta duração humanista ela, a transferência, não é tão importante. Ainda assim, deve ser levada em conta. A transferência não tem tanta importância em um processo humanista porque, essencialmente, ela representa uma distorção da percepção, uma projeção, e, como tal, deve ser tratada. Se a proposta básica de um tratamento humanista é se fundamentar na relação pessoa--a-pessoa, então, por princípio, as distorções precisam ser vistas e cuidadas em prol de uma relação mais fundamentada no real, no aqui-e-agora da relação terapêutica. Perls (1977, p. 69-70) afirma que a transferência se fundamenta em situações inacabadas e, contrariamente a Freud, afirma que o que é ativo na terapia é o que não foi, não o que foi: "O que foi é uma situação acabada, a qual progride pela satisfação e integração, na formação do si-mesmo". Para Perls, a situação inacabada, no caso da transferência, "é o fracasso do desenvolvimento do ambiental para o autossuporte, é a herança do passado que permanece no presente". Assim, a transferência se origina da falta de ser, e não do que foi e ficou esquecido. Perls conclui:

> Nossa história é o fundo para nossa existência, não é uma acumulação de fatos, e sim o registro de como nos tornamos o que somos. Somente as perturbações do fundo que interferem no sustento de nossas vidas se sobressaem e tendem a se tornar figura para que possam ser tratadas. Então elas podem deixar de ser deficiências (gestalten incompletas) e se tornar funções de apoio.

Dessa maneira, se a transferência se fundamenta em situações inacabadas, em gestalten que ainda não puderam se fechar, torna-se função da relação terapêutica, para não dizer que é função da própria psicoterapia, facilitar ao cliente o fechamento dessas situações e a atualização de seu potencial. Segundo os Polsters (1979, p. 50), o fechamento, a finalização das situações centrais inacabadas, "deve vir através de um retorno ao antigo assunto, ou então quando há uma ligação com circunstâncias paralelas que existam no presente". Quando o não-completado é resolvido e se alcança a finalização, o experienciar pode ser atualizado.

Nesse sentido, a relação terapêutica dialógica, ao permitir que o cliente explore e experiencie novos e mais autênticos jeitos de ser, torna-se campo por excelência para facilitar o fechamento das situações inacabadas, propiciando o que verdadeiramente se pode chamar de *experiência emocional atualizadora*: em vez de repetir-se e repetir sua história transferindo maciçamente, o cliente forma uma nova configuração ajustando-se criativamente por meio das situações vividas. É importante nos lembrarmos que, para Perls, o jeito de fechar as situações inacabadas é transformar repetições em recordação, para que novas atitudes e novos comportamentos possam ser explorados. Além disso, a experiência emocional vivida pelo cliente em Gestalt-terapia de curta duração não poderia ser chamada de *experiência emocional corretiva*, como se usa na psicanálise, porque aqui não se parte do princípio de que algo deva ser *corrigido* no cliente, mas de que algo precisa ser atualizado para que ele volte a desenvolver-se, atualizando continuamente seus potenciais. Se defendemos a ideia do ajustamento criativo e a consequente ideia de que mesmo as reações neuróticas ou psicóticas são ajustamentos criativos, seria incoerente pensarmos em corrigir aquilo que foi criativo e vital um dia. O problema é que aquela solução criativa se cristalizou e agora precisa ser atualizada, não corrigida.

O raciocínio para a contratransferência é bastante semelhante, pois, grosso modo, ela é a transferência feita pelo terapeuta ante seu cliente e tem a função básica de chamar o terapeuta para que trabalhe com suas próprias situações inacabadas, de forma a abrir mais criativamente o espaço para a troca com o cliente na relação dialógica. A grande maioria das atuações contratransferenciais é composta pela ansiedade do terapeuta em ser útil ou mesmo em cumprir aquilo que ele, terapeuta, acredita ser sua vocação ou seu destino, de modo que lidar com a contratransferência é lidar com a ansiedade, é aprender que na terapia, mesmo na psicoterapia de curta duração, o tempo é o tempo do cliente. Esse trabalho com suas próprias situações inacabadas facilitará ao terapeuta ser presença na relação e na situação terapêuticas, além de ampliar seu grau de congruência.

Tarefas para casa

Outra questão importante na relação terapêutica em psicoterapia de curta duração é o fato de que ela não se esgota na situação terapêutica, no encontro entre terapeuta e cliente no consultório, mas se prorroga no dia-a-dia do cliente por meio de suas observações de si e de seu mundo, de suas fantasias, de seus sentimentos, das possíveis tarefas para casa que lhe podem ser dadas. De fato, em uma psicoterapia de curta duração, a atenção a ser prestada ao que acontece fora do consultório é de grande importância. A terapia não se dá apenas na situação terapêutica, e sim se expande para o mundo cotidiano do cliente, o lugar onde o vivido na situação terapêutica deverá repercutir para que a terapia venha a ter fim. Essa expansão se dá de diversas formas, das quais quero destacar uma de grande utilidade em um trabalho de curta duração: as tarefas para casa. Trata-se de pedidos que o terapeuta faz ao cliente com diferentes propósitos, mas, especialmente, com o propósito de ampliar a *awareness* do cliente. "Pedimos a todos os pacientes para tentar fazer algum dever de casa, e muitos são capazes de acelerar consideravelmente sua terapia desse modo. [...] Teoricamente, este trabalho para casa [...] é, sobretudo, uma economia considerável de tempo e dinheiro" (Perls, 1977, p. 95-6). Embora muitos clientes tenham dificuldades em realizar as tarefas para casa, "eventualmente, enquanto progride a terapia, e o paciente desenvolve maior autoestima, ele se torna mais capaz de lidar com seu dever de casa".

Essas tarefas para casa têm uma variedade de formas: pode ser uma concentrada revivescência da sessão terapêutica, pode ser um pedido para que o cliente se observe na relação com as pessoas em sua vida profissional, pode ser um pedido para que visite um museu e verifique como se sente ante as obras de arte, pode ser um pedido para que assista a um determinado filme, pode ser um pedido para que escreva suas fantasias, pode ser um pedido para que execute, de maneira protegida, determinado comportamento que o aflige em fantasia, pode, enfim, ser um número imenso de atividades que o cliente praticará em seu dia-a-dia e que facilitarão a abordagem das dificuldades vividas naquele momento da psicoterapia. Obviamente, é imprescindível a aceitação do cliente para a execução das tarefas, bem como sua compreensão do sentido dessas atividades – elas não podem ser algo que ele faça para o terapeuta, mas algo que faça em seu próprio benefício e em prol de seu processo terapêutico, ou seja, as tarefas para casa devem estar relacionadas "à direção emergente da pessoa e sempre colocando-a em situações nas quais terá de confrontar aspectos de si mesma que estão bloqueando seu movimento ou sua tomada de consciência" (Polster e Polster, 1979, p. 246).

Outra característica importante das tarefas para casa é que elas devem "se encaixar com precisão na área particular de conflito do cliente. Deve-se apoiar em comportamentos que farão parte do futuro do cliente – eles estão baseados na experiência da terapia, mas sondam uma área que requer comportamentos novos" (Polster e Polster, 1979, p. 246).

Atendi, certa vez, um rapaz muito, muito tímido. Depois de certo tempo de trabalho, quando ele já se sentia em condições de enfrentar um pouco mais sua timidez, aproveitei-me do fato de que ele vinha de uma cidade do interior, próxima a São Paulo, semanalmente, para a terapia – tomava ônibus e metrô para chegar até meu consultório –, e lhe pedi que, no metrô, abordasse alguém, qualquer pessoa, pedindo uma informação sobre, por exemplo, que trem tomar para ir até determinada estação. Não era preciso que ele pedisse uma informação que de fato ele não tivesse, ele poderia perguntar mesmo sobre seu caminho cotidiano; o que importava era perguntar, era abordar um estranho, ou, melhor ainda no caso dele, uma estranha, para que ele verificasse como se sentia. Com alguma relutância, meu cliente se propôs a tentar, ressalvando que poderia ser muito difícil para ele, que tinha tanta vergonha de se aproximar de estranhos. Na semana seguinte, meu cliente me contou, todo satisfeito, que já na ida fizera o exercício proposto, e a pessoa que ele abordou fora muito solícita, o que facilitou para que ele se sentisse bem com a experiência. Tão bem, que resolveu repetir o exercício na viagem de volta, desta vez com uma mulher, com a qual encontrou semelhante solicitude na resposta. Então, ele arrematou sua história: "Mas o que eu mais gostei mesmo foi que não fiquei nem vermelho!"

Além dessa função de ampliação da exploração do mundo existencial do cliente, essas tarefas para casa cumprem também a função de prolongar a relação terapêutica para além da situação terapêutica, fato que é especialmente útil quando o cliente atravessa períodos de grande insegurança ou ansiedade – ao fazer sua tarefa, é como se ele estivesse com o terapeuta ao seu lado, o que, nessas situações, gera conforto e encorajamento.

O contrato

Há questões importantes e de grande influência na relação terapêutica quanto ao contrato terapêutico em psicoterapia de curta duração, um contrato que "nasce a partir de uma análise da relação da vontade de curar, da viabilidade de afetar as causas do problema, da disponibilidade da pessoa para o processo de mudança, das condições psicoemocionais para começar o processo psicoterapêutico" (Ribeiro, 1999, p. 148). Comentarei brevemente algumas dessas questões.

Assim como na psicoterapia de longo prazo, o contrato deve ser estabelecido na primeira ou nas primeiras sessões, da maneira a mais clara possível. O contrato é uma consolidação e uma formalização do vínculo terapêutico, um delimitador continente para o encontro que começa a nascer. Faz parte do contrato uma devolução inicial, não necessariamente profunda, geralmente panorâmica, acerca de como o terapeuta vê a problemática apresentada pelo cliente, o que, por si só, já traz um esclarecimento (geralmente terapêutico) para o cliente quanto a seu momento existencial. Essa devolução, é óbvio, deve ser feita em linguagem e postura acessíveis ao cliente, levando em conta sua ansiedade e sua insegurança momentânea, de maneira que ele possa compreender adequadamente o que lhe é dito.

É igualmente importante saber quais informações o cliente tem sobre o processo psicoterápico de curta duração, cuidando de atualizar e completar tais informações, quando necessário incluindo algumas explicações gerais sobre a dinâmica do processo terapêutico, o que pode incrementar a motivação do cliente para o trabalho, além de ser útil para o real estabelecimento da relação terapêutica. Além disso, é importante que o terapeuta coloque, de novo da maneira a mais clara possível, como chegou a seu ponto de vista e o que fundamenta esse olhar, pois o cliente, especialmente nos primeiros contatos com o terapeuta, busca intensamente ser compreendido. Essa primeira intervenção do terapeuta deve incluir um cuidadoso prognóstico acerca do trabalho, sem certezas ou predições definitivas, mas com confiança. Esse prognóstico deve trazer antecipações sobre o trabalho terapêutico, com esclarecimento detalhado e cuidadoso sobre qual é o papel esperado do cliente ao longo do processo.

É parte importante desse contrato a discussão e explicitação clara das normas básicas do trabalho terapêutico, incluindo pagamento, quantidade de sessões semanais, como lidar com as faltas do cliente ou do terapeuta, duração das sessões, duração do tratamento e outras questões específicas, não necessariamente nessa ordem. Em uma psicoterapia de curta duração, a delimitação do número de sessões ou do tempo disponível para o trabalho é muito importante e pode ajudar a diminuir a ansiedade do cliente – a perspectiva de um fim determinado para o trabalho costuma agir como um ansiolítico bastante bom para alguns clientes, ao lhes dar limites mais claros para o trabalho. Ao se estabelecer esse limite, no entanto, faz-se mister esclarecer o cliente acerca da possibilidade de um recontrato ao fim do tempo estabelecido, caso ainda não se tenha chegado a um termo satisfatório do processo terapêutico.

O contrato terapêutico é verbal. Não cabe fazê-lo por escrito, uma vez que ele se fundamenta em uma relação de confiança e é o primeiro sinal dessa confiança. A terapia é o lugar da palavra, do verbo, e não do papel. O contrato terapêutico envolve responsabilidades à altura do que pode o cliente, e o contrato não deve ser mais um instrumento de pressão sobre o cliente. Parece-me importante que fique clara a divisão de responsabilidades e a explicitação de que se está construindo uma parceria, uma aliança, com a finalidade de ajudar o cliente a sair desse sofrimento em que se encontra. Talvez caibam aqui algumas exceções para trabalhos realizados em instituições, pois há casos em que alguma formalização é necessária, mas, ainda assim, a responsabilização do cliente por sua parte do trabalho e pelo cumprimento das regras estabelecidas no contrato merece ser atentamente esclarecida no contato terapêutico.

O intervalo entre as sessões

Parte do contrato terapêutico e delimitação decisiva para o sucesso de um trabalho de curta duração, a definição da quantidade semanal de sessões deve ser feita logo de início e de maneira que fique clara para o cliente. A meu ver, uma boa psicoterapia de curta duração deve se basear em, pelo menos, dois encontros semanais entre terapeuta e cliente. A prática, hoje comum, de um encontro semanal, utilizada em terapia de longo tempo, é, no mais das vezes, insuficiente para um bom trabalho de curta duração, quer seja pela intensidade da concentração necessária nas questões envolvidas no sofrimento do cliente, quer seja por um melhor aproveitamento do tempo disponível para o tratamento.

Trabalhando em duas sessões semanais, parece-me que o cliente pode aproveitar melhor o tempo que tem para o processo psicoterápico. Nesse intervalo entre uma sessão e outra, há tempo para que o cliente assimile e integre as novas gestalten alcançadas, aprofunde seu nível de compreensão e aja em seu cotidiano de maneira a consolidar as recentes aquisições, caminhando com novas bases em direção ao amadurecimento. Com duas sessões semanais, há o tempo para o cliente se explorar junto com o terapeuta e o tempo para o cliente se explorar sozinho, cumprindo assim satisfatoriamente aquele que é o paradoxo da psicoterapia, o fato de ela existir para não existir.

Já disse anteriormente e repito, a mim parece mais adequada a delimitação de um período determinado do que uma delimitação pelo número de sessões, dentre outros motivos porque tem me parecido mais assimilável pelo cliente a determinação de um tempo do que a determinação de uma quantidade de sessões – ou seja, para um cliente brasileiro, é mais fácil se organizar para uma terapia de dois meses do que para uma terapia de dezesseis sessões. Além disso, a determinação do tempo, deixando mais ou menos em aberto o número de sessões, facilita ao cliente a abertura para eventuais sessões extras, solicitadas de acordo com necessidades prementes do cliente ou do terapeuta. Não custa ainda lembrar que, no Brasil, marcamos a vida em tempo, não em eventos.

O fim da terapia

Já comentei anteriormente que a determinação de uma data aproximada final para o trabalho muitas vezes gera redução na ansiedade do cliente e melhor aproveitamento da psicoterapia de curta duração; já comentei também que a terapia existe para não existir, ou seja, o trabalho terapêutico é feito para que, de certa maneira, o cliente se torne seu próprio psicoterapeuta e possa continuar sua caminhada sem mais a necessidade da ajuda do técnico psicoterapeuta. Há outro ponto importante que quero comentar para fechar este capítulo: estritamente falando, uma psicoterapia não tem fim.

Quando termina um processo terapêutico, o que finaliza é a relação concreta entre terapeuta e cliente enquanto tais. Ao fim da relação terapêutica, o que se espera é que o cliente possa continuar por conta própria seu processo de crescimento, independente agora da presença concreta do terapeuta e da terapia. O cliente – toda pessoa – nunca está pronto. Ao fim do processo terapêutico, ele está melhor, com sua possibilidade de lidar com a vida ampliada, com seus recursos mais disponíveis, com sua capacidade de conscientização e de responsabilização incrementadas, mas não está pronto e nem imunizado contra os sofrimentos e o trágico da vida. Como bem afirmam os Polsters (1979, p. 271),

> a visão tradicional da terapia encerrada é ingênua e mecanicista, pois se baseia na ilusão de que, uma vez que a pessoa se liberta da visão defeituosa do mundo, este se torna maravilhoso. Na verdade, em nenhuma época o mundo foi maravilhoso, e certamente isso não acontecerá agora.

O fim de um trabalho terapêutico comumente gera no psicoterapeuta certo tipo de frustração, certa tristeza até, que, parece-me, é pouco trabalhada em psicologia: o psicoterapeuta é um artista especializado em obras inacabadas. Em um trabalho bem-sucedido, no melhor ponto da história o cliente vai embora, já não precisa mais do outro protagonista. Na verdade, já não precisa mais desse coadjuvante.

Lidar com essa frustração exige do terapeuta um profundo senso de humildade, uma intensa capacidade de se contentar com sua qualidade de passageiro, ou, lembrando Kierkegaard (in: Muraro e Cintra, 2001, p. 124), o psicoterapeuta deve, à semelhança de um barqueiro, pôr-se ao trabalho com as costas voltadas para o futuro, presentificando-se intensamente, pois "a fé volta as costas à eternidade justamente porque a retém dentro do presente". Quando consegue tal intuito, a relação terapêutica, enquanto tal, não termina, mas se esgota. No entanto, isso é difícil, e é ainda mais difícil na psicoterapia de curta duração, a ponto de exigir cuidadosa reflexão por parte do terapeuta.

Ao cumprir o prazo estipulado para o trabalho em psicoterapia de curta duração, certamente o terapeuta perceberá que, se tivesse mais tempo, poderia ainda ser mais útil para seu cliente. Uma psicoterapia de curta duração, de modo geral, não se esgota; mais comumente, esgota seu foco. Por isso, é um tipo de trabalho que exige do terapeuta um adicional de esperança. Passado o trecho mais íngreme e perigoso do caminho, o guia vai voltar, deixando o caminhante, ainda longe da planície, por sua própria conta. Para voltar, ele, o terapeuta, precisa ter a confiança de que deu mais atenção ao caminhar que ao caminho, precisa estar pleno na esperança de que seu cliente já é dono do próprio ritmo, já tem suficiente autossuporte para continuar sozinho seu caminho.

Considerações finais

Este livro teve dois alicerces: 1) um dedicado estudo teórico e 2) uma experiência clínica que não se limitou ao objeto de estudo. Como sou psicoterapeuta há mais de 27 anos, as considerações que fiz se desenvolveram baseadas nessa longa vivência em situações terapêuticas, de curta e de longa duração. Dessa prática, aliada a todo o arcabouço reflexivo que pude desenvolver neste estudo, nasce minha constatação da excelente possibilidade e qualidade do trabalho terapêutico da Gestalt-terapia de curta duração. De fato, é um campo novo que se abre para os Gestalt-terapeutas. Imprimi a este livro a qualidade da prática clínica. Este não é um trabalho só teórico, mas um trabalho também fundamentado na prática cotidiana da clínica psicológica. É um trabalho voltado para aqueles colegas que nutrem, como eu, o sonho de uma psicologia com saberes consolidados porém não rígidos, que facilitem ao ser humano uma maior conscientização e, por via disso, uma presença mais significativa no mundo.

Em uma psicoterapia de curta duração, não se trabalham todas as questões do cliente, ou seja, ninguém traz para uma psicoterapia de curta duração todos os seus conteúdos, mas apenas aqueles que se tornam figura e que demandam atenção no presente. Uma vez atendidas e compreendidas essas figuras, elas se modificam e modificam o fundo. Em um processo terapêutico bem-sucedido, essa modificação amplia para o cliente a possibilidade de mudar com o tempo, ainda que, às vezes, o tempo que o cliente necessite para mudar extrapole o tempo da psicoterapia. A psicoterapia – toda psicoterapia – continua acontecendo mesmo depois do tempo concreto em que cliente e terapeuta se encontraram pessoalmente. De maneira semelhante, este livro que ora findo pretendeu trabalhar aquilo que são as figuras mais importantes quanto ao tema proposto, da forma que posso ver agora.

Ainda de maneira semelhante ao trabalho terapêutico de curta duração, este livro não se esgota nele ou no período em que foi composto, e sim abre perspectivas para que seja estendido e gere frutos mesmo depois de concluído. Este livro é um trabalho que, além de trazer contribuições e sistematizações originais para a abordagem gestáltica, também pretende ser um trabalho de abertura de portas e de possibilidades, um apontador de caminhos possíveis, um convidador para novos estudos e para novos aprofundamentos. Ao fim desta parte do caminho, minha sensação é, em muito, semelhante à vivência que tenho quando termino um trabalho de curta duração: por um lado, uma sensação de alegria, de satisfação pelo dever cumprido, pelo crescimento facilitado, pela abertura de novos caminhos e pela qualidade do novo patamar que se conseguiu; por outro lado, uma certeza de que ainda há o que se fazer, mesmo sabendo das conquistas alcançadas e mesmo tendo ciência de que a qualidade do caminhar já é outra.

Assim como na psicoterapia de curta duração, este livro termina coroado de esperanças. Quando termino um atendimento bem-sucedido em Gestalt-terapia de curta duração, despeço-me de meu cliente com a esperança e a confiança de que seu caminho foi desentravado e, por isso, ele pode agora continuar seu desenvolvimento sem as limitações que tinha ou encontrava ao começarmos a trabalhar. Quando termino este livro, em grande medida um trabalho bem-sucedido, como a maioria dos trabalhos que já conduzi na prática clínica em Gestalt-terapia de curta duração, vivo profunda esperança e confiança de que ele, o livro, abra caminhos para novas pesquisas. Penso que, acima de tudo, esta obra muda as perguntas que se faziam sobre o trabalho psicoterápico de curta duração em Gestalt-terapia, na medida em que proporciona novos questionamentos com base em aprofundamentos realizados e em novas soluções alcançadas.

Como já afirmei na introdução, o início deste meu trabalho foi marcado por três questões mais relevantes, as quais provinham do desejo de contribuir para a fundamentação de um trabalho psicoterápico de curta duração.

Uma vez aceito o desafio colocado pelo desejo de saber, o primeiro passo que se impôs foi uma fundamentação no instrumento de que eu dispunha, a Gestalt-terapia. Tive minha primeira experiência com a Gestalt-terapia há aproximadamente trinta anos, quando eu ainda era um estudante universitário. Naquela época, eu já tinha consciência de que, pela formação familiar, profundamente católica e humanista, com todas as contradições que isso às vezes implica, a psicanálise, teoria de base da faculdade na qual me graduei, não responderia adequadamente às minhas inquietações. Comecei com Carl Rogers, para depois chegar à Gestalt-terapia, abordagem que vem embasando meu trabalho há muitos anos. Mas a Gestalt-terapia que conheci em minha graduação já não é a mesma. De um trabalho agressivo às vezes, invasor frequentemente, perigosamente atuador, a Gestalt-terapia – graças a contribuições de inúmeros terapeutas em diversos cantos do mundo, especialmente no Brasil – tornou-se uma abordagem íntegra, cada vez mais coerente, cada vez mais delicada e profunda no trato com a complexidade humana. Essa Gestalt-terapia, obra ainda e para sempre inacabada, obra que se renova e que, principalmente por isso, é coerente e humilde, fundamenta cada linha deste trabalho.

Ao olhar mais atentamente para minha prática clínica em Gestalt-terapia, deparei com a necessidade de inovação: se a Gestalt-terapia tem hoje um arcabouço teórico bastante consolidado a sustentar a prática clínica, no que diz respeito ao trabalho de curta duração esta fundamentação ainda é muito incipiente. De fato, dá até a impressão de que os Gestalt-terapeutas ainda não despertaram suficientemente sua atenção para essa modalidade de trabalho psicoterapêutico. Vi-me diante do desafio e da excitação da inovação. Baseado no pouco que já existia, cumpriu-me dar mais um passo e consolidar um pouco mais a abordagem gestáltica para a psicoterapia de curta duração. Vislumbrei caminhos, os quais trilhei, em sua maioria. Há ainda caminhadas a serem feitas, de modo que deixo aqui o convite para outros aprofundamentos neste tema.

Em meus estudos sobre a psicoterapia de curta duração, logo descobri que a fundamentação psicanalítica quanto a esse trabalho é tão ampla e consistente, que, de imediato, abdiquei do uso do termo "terapia breve", por entender que ele é mais bem aplicado ao trabalho psicanalítico. Ao utilizar neste livro, preferencialmente, os termos "Gestalt--terapia de curta duração" e "psicoterapia de curta duração", quis deixar claro que a visão de homem e a abordagem clínica aqui propostas são diferentes da proposta psicanalítica. Não me impedi, no entanto, de aprender com os psicanalistas aquilo que, no meu entender, pode e pôde ampliar o alcance e a competência da Gestalt-terapia de curta duração. Em certa proporção, foi muito interessante, ao enfocar esse possível diálogo entre a Gestalt-terapia de curta duração e a terapia breve, perceber que muitas das novidades "descobertas" e apresentadas como novidades pelos psicanalistas que estudei já estavam levantadas e discutidas em livros de Perls das décadas de 1950 e 1960. Igualmente interessante foi perceber que muitas das coisas renegadas na Gestalt-terapia de início por serem psicanalíticas demais voltam a ser discutidas e retomadas como imprescindíveis para o bom trabalho psicoterapêutico. Acredito ter contribuído para esse diálogo com as considerações que tracei aqui.

Durante toda a confecção deste livro, estive particularmente atento a demonstrar a viabilidade e a eficácia de um trabalho em Gestalt-terapia de curta duração com fundamentação teórica. Tive essa preocupação, em parte, para deixar claro que também a psicologia humanista se sustenta em um arcabouço teórico que é fruto de constantes questionamentos e revisões, ou seja, há também na psicologia humanista uma séria preocupação epistemológica. Assim, volto a afirmar, este livro foi escrito de acordo com dois referenciais estreitamente interligados: 1) um estudo teórico sobre a abordagem gestáltica e a Gestalt-terapia de curta duração; 2) uma prática clínica que orientou a busca teórica ao mesmo tempo em que se orientava por ela. Durante muito tempo, a Gestalt-terapia foi vista como uma técnica rica em experimentos e em criatividade na situação terapêutica, mas carente de cuidados teóricos. Com este livro, demonstro a possibilidade e a necessidade de uma fundamentação teórica bem discutida e derivada de inquieta reflexão, que se combina com uma prática clínica que não é apenas improvisação e intuição, mas constante diálogo entre o vivido e o refletido, o experienciado e o rigorosamente inferido.

Neste meu trabalho, um dos temas mais polêmicos e que me parece exigir ainda mais aprofundados estudos é o que diz respeito ao diagnóstico em Gestalt-terapia. Defendi aqui um ponto de vista que sei ser delicado e que não desfruta de unanimidade na abordagem gestáltica. Com base em minha prática clínica e em estudos que tenho feito ao longo de minha vida profissional, posicionei-me defendendo o uso do pensamento diagnóstico processual, somado ao DSM-IV, como uma tipologia, o que chamei de compreensão diagnóstica. Defendi também a importância dessa compreensão diagnóstica como norteadora do trabalho de curta duração. De fato, penso que todo o trabalho de curta duração depende de uma boa compreensão diagnóstica, de maneira diferente e mais delicada que o trabalho de longa duração, como demonstrei ao longo do estudo que fiz.

Além do livro de Pimentel, o qual dá uma abordagem introdutória ao tema, penso que o diagnóstico clínico precisa ser mais bem conceituado e explorado em Gestalt-terapia. Entendo que a compreensão diagnóstica é um valioso instrumento terapêutico, que não merece ser usado com tanta timidez, hesitação e imprecisão como vem sendo feito por muitos Gestalt-terapeutas, a julgar pelo que observo e pelas conclusões de Pimentel em seu trabalho. Urge na Gestalt-terapia certa uniformidade quanto a esse tema tão importante no trabalho psicoterapêutico. Cumpre frisar que defendo a necessidade de uma compreensão diagnóstica, ou seja, um diagnóstico psíquico, não apenas psicopatológico, que leve em conta todo o campo e que seja fundamentado no olhar fenomenológico e holístico característico da abordagem gestáltica, um diagnóstico que dê suporte para a postura humana e humanista do Gestalt-terapeuta em sua prática clínica e em sua busca pela facilitação do desenvolvimento das potencialidades humanas.

Enfim, se, como afirma Perls (in: Hycner, 1997, p. 75), "o critério de um tratamento bem-sucedido é a obtenção daquela quantidade de integração que facilite seu desenvolvimento ulterior", termino afirmando que a mais importante contribuição que pretendi alcançar ao desenhar este livro foi a de que ele constituísse, por um lado, uma confirmação da excelência da Gestalt-terapia de curta duração como instrumento terapêutico para todas as pessoas que precisem de um atendimento psicoterapêutico de curta duração e, por outro lado, que este livro seja facilitação para novos desenvolvimentos, práticos e teóricos, na Gestalt-terapia de curta duração. Finalizo este trabalho com a sensação tranquila do dever cumprido e com a clara compreensão de que ele não é apenas um frutuoso porto de chegada, mas também uma abertura para novas partidas.

Referências bibliográficas

AUGRAS, Monique. *O ser da compreensão: fenomenologia da situação de psicodiagnóstico*. Petrópolis: Vozes, 1981.

BARROS, Paulo Eliezer Ferri de. *Narciso, a bruxa, o terapeuta elefante e outras histórias psi*. São Paulo: Summus, 1994.

_____. *Amor e ética*. São Paulo: Summus, 2006.

BEISSER, Arnold. "A teoria paradoxal da mudança". In: FAGAN, Joen; SHEPHERD, Irma L. *Gestalt-terapia: teoria, técnicas e aplicações*. Rio de Janeiro: Zahar Editores, 1977.

BELLAK, Leopold; SMALL, Leonard. *Psicoterapia de emergência e psicoterapia breve*. Porto Alegre: Artes Médicas, 1980.

BERG, J. H. van den. *O paciente psiquiátrico: esboço de uma psicopatologia fenomenológica*. São Paulo: Mestre Jou, 1981.

BLEGER, José. *Temas de psicologia (Entrevista y grupos)*. Buenos Aires: Nueva Visón, 1978.

BOWEN, M. C. V. B. "Psicoterapia: o processo, o terapeuta, a aprendizagem". In: SANTOS, Antonio M. *Quando fala o coração: a essência da psicoterapia centrada na pessoa*. Porto Alegre: Artes Médicas, 1987.

180 • Ênio Brito Pinto

BRAIER, Eduardo A. *Psicoterapia breve de orientação analítica*. São Paulo: Martins Fontes, 1986.

BUBER, Martin. *Eu e Tu*. São Paulo: Cortez & Moraes, 1979.

BUROW, Olaf Axel; SCHERPP, Karlheinz. *Gestaltpedagogia: um caminho para a escola e a educação*. São Paulo: Summus, 1985.

CANCELLO, Luiz A. G. *O fio das palavras: um estudo de psicoterapia existencial*. São Paulo: Summus, 1991.

CARDELLA, Beatriz H. P. *O amor na relação terapêutica: uma visão gestáltica*. São Paulo: Summus, 1994.

_____. *A construção do psicoterapeuta: uma abordagem gestáltica*. São Paulo: Summus, 2002.

CIARROCCHI, Joseph W.; WICKS, Robert J. *Psychotherapy with priests, protestant clergy, and catholic religious: a practical guide*. Boston: Psychosocial Press, 2000.

CIORNAI, Selma. *Da contracultura à menopausa*. São Paulo: Oficina de Textos, 1999.

_____. "Em que acreditamos?" Mesa-redonda apresentada no II Encontro Nacional de Gestalt-terapia (1989). Disponível em: <http://www.gestaltsp.com.br/textos/em%20que%20acreditamos.htm>. Acesso em 7 mar. 2005.

CIORNAI, Selma. (org.) *Percursos em arteterapia*. São Paulo: Summus, 2004.

DELISLE, Gilles. *Balises II: une perspective gestaltiste des troubles de la personnalite*. Montreal: Le Centre d'Intervention Gestaltiste Le Reflet, 1988.

_____. *Personality disorders: a Gestalt-therapy perspective*. Otawa: Sig Press, 1999.

DENES, Magda. "Paradoxes in the therapeutic relationship". Disponível em: <http://www.gestalt.org/magda.htm>. Acesso em 2 mar. 2006.

DYCHTWALD, Ken. *Corpomente*. São Paulo: Summus, 1984.

DSM IV – Diagnostic and Statistical Manual of Mental Disorders. Disponível em: <http://virtualpsy.locaweb.com.br/dsm.php>. Acesso em 10 abr. 2006.

FAGAN, Joen; SHEPHERD, Irma L. *Gestalt-terapia: teoria, técnicas e aplicações.* Rio de Janeiro: Zahar Editores, 1977, 3ª ed.

FARRE, Luis; HERNANDEZ, Victor; MARTINEZ, Montserrat. *Psicoterapia psicoanalítica focal y breve.* Barcelona: Ediciones Paidós Ibérica, 1992.

FERREIRA-SANTOS, Eduardo. *Psicoterapia breve: abordagem sistematizada de situações de crise.* São Paulo: Ágora, 1997.

_____. "O conceito de foco". Disponível em: <http://www.ferreira-santos.med.br/confoco.html>. Acesso em 12 out. 2005.

FIORINI, Héctor J. *Teoría y técnica de psicoterapias.* Buenos Aires: Ediciones Nueva Visión, 1975.

_____. *Teoria e técnica de psicoterapias.* Rio de Janeiro: Francisco Alves Editora, 1993.

_____. *Estruturas e abordagens em psicoterapias psicanalíticas.* São Paulo: Martins Fontes, 2004.

FORGHIERI, Yolanda C. *Psicologia fenomenológica: fundamentos, método e pesquisas.* São Paulo: Editora Pioneira, 2001.

FRAZÃO, Lilian. A compreensão do funcionamento saudável e não-saudável: a serviço do pensamento diagnóstico em Gestalt-terapia.

Revista do V Encontro Goiano da Abordagem gestáltica, Goiânia, ITGT, p. 27-34, 1999.

_____. A importância de compreender o sentido do sintoma em Gestalt-terapia. *Revista de Gestalt*, ano II, n. 2, São Paulo, Instituto Sedes Sapientae, p. 41-52, 1992.

_____. "Contribuições para uma visão gestáltica da psicopatologia e do psicodiagnóstico". Apresentação em mesa-redonda no V Encontro Nacional de Gestalt-terapia e II Congresso Nacional da Abordagem Gestáltica, em Vitória (ES), 1995.

_____. O pensamento diagnóstico e Gestalt-terapia. *Revista de Gestalt*, v.1, n. 1, São Paulo, Instituto Sedes Sapientae, p. 41-6, 1991.

_____. "Reflexões sobre relação dialógica". Conferência de abertura do VII Encontro Nacional de Gestalt-terapia e IV Congresso Nacional da Abordagem Gestáltica, Goiânia, 1999.

_____. Revendo a questão do diagnóstico em Gestalt-terapia: entendidos e mal-entendidos. *Revista do I Encontro Goiano de Gestalt-terapia*, v. 1, n. 1, Goiânia, ITGT, p. 80-6, 1995.

FREUD, Sigmund. *Obras completas – historia de una neurosis infantil (caso del "Hombre de los Lobos")*. Madri: Biblioteca Nueva, 1973.

FRICK, Willard B. *Psicologia humanista: entrevistas com Maslow, Murphy e Rogers*. Rio de Janeiro: Zahar, 1975.

FUHR, Reinhard. Gestalt counseling: orientation, commitment, meaning, perspective. *Gestalt Review*, v. 5, n. 2, New Jersey (EUA), The Gestalt International Study Center, p. 129-153, 2001.

GILLIÉRON, Edmond. *As psicoterapias breves*. Rio de Janeiro: Jorge Zahar Editor, 1986.

_____. *Introdução às psicoterapias breves*. São Paulo: Martins Fontes, 2004.

GINGER, Serge; GINGER, Anne. *Gestalt: uma terapia do contato*. São Paulo: Summus, 1995.

GREENBERG, Elinor. "Love, admiration, or safety: a system of gestalt diagnosis of borderline, narcissistic, and schizoid adaptations that focuses on what is figure for the client". Paper apresentado na VI Conferência Europeia de Gestalt-terapia, em Palermo (Itália), out. 1998. Disponível em: <http://www.g-gej.org/6-3/diagnosis.html>.

GREENBERG, Leslie; WATSON, Jeanne; LIETAER, Germain. *Handbook of experiential psychoterapy*. New York/London: The Guilford Press, s/d.

GROISMAN, Moisés; LOBO, Mônica V.; CAVOUR, Regina M. *Histórias dramáticas: terapia breve para famílias e terapeutas*. Rio de Janeiro: Rosa dos Tempos, 2003.

HACKNEY, H.; NYE S. *Aconselhamento: estratégias e objetivos*. São Paulo: EPU, 1977.

HOLANDA, Adriano F. (org.) *Psicologia, religiosidade e fenomenologia*. Campinas: Editora Átomo, 2004.

HOLANDA, Adriano F.; FARIA, Nilton J. (orgs.). *Gestalt-terapia e contemporaneidade: contribuições para uma construção epistemológica da teoria e da prática gestálticas*. Campinas: Livro Pleno, 2005.

HOLDREGE, Craig. "Seeing things right-side up: the implications of Kurt Goldstein's holism". Disponível em: <http://www.natureinstitute.org/pub/ic/ic2/goldstein.htm#>. Acesso em 3 jul. 2006.

HYCNER, Richard. *De pessoa a pessoa*. São Paulo: Summus, 1995.

HYCNER, Richard; JACOBS, Lynne. *Relação e cura em Gestalt-terapia.* São Paulo: Summus, 1997.

JULIANO, Jean C. *A arte de restaurar histórias: o diálogo criativo no caminho pessoal.* São Paulo: Summus, 1999.

KNOBEL, Maurício. *Psicoterapia breve.* São Paulo: EPU, 1986.

KRECH, David; CRUTCHFIELD, Richard. *Elementos de psicologia.* São Paulo: Livraria Pioneira Editora, 1976.

KUSNETZOFF, Juan C. *Psicanálise e psicoterapia breve na adolescência.* Rio de Janeiro: Zahar Editores, 1980.

LAPLANCHE, J.; PONTALIS, J-B. *Vocabulário de psicanálise.* São Paulo: Martins Fontes, 1979.

LEMGRUBER, Vera. *Psicoterapia focal: o efeito carambola.* Rio de Janeiro: Revinter, 1995.

LESCOVAR, Gabriel Zaia. *Um estudo sobre as consultas terapêuticas de D. W. Winnicott.* 2001. Dissertação (mestrado em Psicologia Clínica) – Pontifícia Universidade Católica, São Paulo.

LEWIN, K. *Problemas de dinâmica de grupo.* São Paulo: Cultrix, 1973.

_____. *Teoria dinâmica da personalidade.* São Paulo: Cultrix, 1975.

LILIENTHAL, Luiz A. *Educa-são: uma possibilidade de atenção em ação.* 2004. Tese (doutorado em Psicologia) – Instituto de Psicologia, Universidade de São Paulo.

LIMA FILHO, Alberto P. *Gestalt e sonhos.* São Paulo: Summus, 2002.

LOFFREDO, Ana Maria. *A cara e o rosto: ensaio sobre a Gestalt-terapia.* São Paulo: Editora Escuta, 1994.

LOWEN, Alexander. *O corpo traído*. São Paulo: Summus, 1979.

LOWENKRON, Theodor S. *Psicoterapia psicanalítica breve*. Porto Alegre: Artes Médicas, 1993.

LUCA, Fernando de. "El eneagrama". Disponível em: <http://www.gestalturuguay.com/eneagrama/eneagrama.htm>. Acesso em 3 jul. 2006.

LUNA, Sérgio V. *Planejamento de pesquisa: uma introdução*. São Paulo: EDUC, 2003.

MAY, Rollo. *A arte do aconselhamento psicológico*. Petrópolis: Vozes, 1976.

_____. *A descoberta do ser*. Rio de Janeiro: Rocco, 1988.

_____. *A procura do mito*. São Paulo: Manole, 1992.

_____. *Liberdade e destino*. Porto Alegre: Rocco, 1987.

_____. *O homem à procura de si mesmo*. Petrópolis: Vozes, 1982.

MELNICK, Joseph; NEVIS, Sonia M. Diagnosing in here and now: a Gestalt-therapy approach. In: GREENBERG; WATSON; LIETAER. *Handbook of experiential psychotherapy*. New York/London: The Guilford Press, s/d.

MILLON, Theodore. *Teorias da psicopatologia e personalidade*. Rio de Janeiro: Interamericana, 1979.

_____. "Evolution-based personality theory". Disponível em: <http://www.millon.net/content/evo_theory.htm>. Acesso em 3 jul. 2006.

MOFFATT, Alfredo. *Terapia da crise: teoria temporal do psiquismo*. São Paulo: Cortez, 1987.

Morato, Henriette T. P. *Aconselhamento psicológico centrado na pessoa*. São Paulo: Casa do Psicólogo, 1999.

Morin, Edgar. *Os sete saberes necessários à educação do futuro*. São Paulo: Cortez, 2000.

Naranjo, Claudio. *Os nove tipos de personalidade*. São Paulo: Objetiva , 1997.

_____. *O eneagrama da sociedade*. São Paulo: Editora Esfera, 2004.

Nascentes, Antenor. *Dicionário Etimológico da Língua Portuguesa*. Rio de Janeiro: Livraria Francisco Alves, 1932.

Oaklander, Violet. *Descobrindo crianças*. São Paulo: Summus, 1980.

Perls, Frederick S. *et al*. *Isso é Gestalt*. São Paulo: Summus, 1977.

Perls, Frederick S. *A abordagem gestáltica e testemunha ocular da terapia*. Rio de Janeiro: Zahar Editores, 1977.

_____. *Ego, fome e agressão: uma revisão da teoria e do método de Freud*. São Paulo: Summus, 2002.

_____. *Ego, hunger and aggression: the Gestalt therapy of sensory awakening through spontaneous personal encounter, fantasy and contemplation*. New York: Vintage Books, 1969.

_____. *Escarafunchando Fritz: dentro e fora da lata de lixo*. São Paulo: Summus, 1979.

_____. *Gestalt-terapia explicada (Gestalt therapy verbatim)*. São Paulo: Summus, 1977.

Perls, Frederick S.; Hefferline, Ralph; Goodman, Paul. *Gestalt--terapia*. São Paulo: Summus, 1997.

PERVIN, Lawrence A. *Personalidade: teoria, avaliação e pesquisa.* São Paulo: EPU, 1978.

PIMENTEL, Adelma. *Psicodiagnóstico em Gestalt-terapia.* São Paulo: Summus, 2003.

PINTO, Ênio Brito. *Gestalt-terapia de curta duração para clérigos católicos: elementos para a prática clínica.* 2007. Tese (doutorado em Ciências da Religião) – Pontifícia Universidade Católica, São Paulo.

PINTO, Ênio Brito (org.). *Gestalt-terapia: encontros.* São Paulo: Instituto de Gestalt de São Paulo, no prelo.

POLSTER, Erving; POLSTER, Miriam. *Gestalt-terapia integrada.* Belo Horizonte: Interlivros, 1979.

POMPÉIA, João Augusto; SAPIENZA, Bilê T. *Na presença do sentido: uma aproximação fenomenológica a questões existenciais básicas.* São Paulo: EDUC; Paulus, 2004.

PORCHAT, Ieda (org.). *As psicoterapias hoje.* São Paulo: Summus, 1982.

PORCHAT, Ieda; BARROS, Paulo E. F. *Ser terapeuta: depoimentos.* São Paulo: Summus, 1985.

REHFELD, Ari. Existência e cura: idéias. *Revista de Gestalt,* ano I, n. 1, São Paulo, Instituto Sedes Sapientae, p. 27-30, 1991.

RIBEIRO, Jorge Ponciano. *Gestalt-terapia de curta duração.* São Paulo: Summus, 1999.

_____. *Gestalt-terapia, o processo grupal: uma abordagem fenomenológica da teoria do campo e holística.* São Paulo: Summus, 1994.

_____. *Gestalt-terapia: refazendo um caminho.* São Paulo: Summus, 1985.

188 • Ênio Brito Pinto

_____. *Vade-mécum de Gestalt-terapia: conceitos básicos*. São Paulo: Summus, 2006.

Ribeiro, Walter. *Existência essência: desafios teóricos e práticos das psicoterapias relacionais*. São Paulo: Summus, 1998.

Robine, Jean-Marie. Do campo à situação. *Revista de Gestalt*, n. 12, São Paulo, Instituto Sedes Sapientae, p. 30-7, 2003.

Rogers, Carl; Stevens, Barry. *De pessoa para pessoa: o problema de ser humano*. São Paulo: Pioneira, 1977.

Rogers, Carl R. *Um jeito de ser*. São Paulo: EPU, 1983.

_____. *Psicoterapia e consulta psicológica*. São Paulo: Martins Fontes, 1987.

Rosenberg, Rachel L. (org.). *Aconselhamento psicológico centrado na pessoa*. São Paulo: EPU, 1987.

Safra, Gilberto. *O acontecer humano na psicoterapia breve*. (DVD) São Paulo: Edições Sobornost, 2005.

_____. *Intervenções clínicas breves e pontuais em consultas avulsas e em situações de crise aguda*. (DVD) São Paulo: Edições Sobornost, 2005.

Sandler, Joseph; Dare, Christopher; Holder, Alex. *O paciente e o analista*. Rio Janeiro: Imago, 1977.

Santos, Antonio M. *Quando fala o coração: a essência da psicoterapia centrada na pessoa*. Porto Alegre: Artes Médicas, 1987.

Santos, Oswaldo de Barros. *Aconselhamento psicológico e terapia: auto-afirmação, um determinante básico*. São Paulo: Livraria Pioneira Editora, 1982.

Scheefer, Ruth. *Aconselhamento psicológico*. Rio de Janeiro: Editora Fundo de Cultura, 1964.

STEVENS, Barry. *Não apresse o rio (ele corre sozinho)*. São Paulo: Summus, 1978.

STEVENS, John O. *Tornar-se presente: experimentos de crescimento em Gestalt-terapia*. São Paulo: Summus, 1976.

TELLEGEN, Therese A. *Gestalt e grupos: uma perspectiva sistêmica*. São Paulo: Summus, 1984.

_____. "Gestalt-terapia". Palestra apresentada no Seminário I do CEGSP, 1986. In: *Textos inéditos de Therese Tellegen*. São Paulo: Centro de Estudos de Gestalt de SP, 1989, p. 1-19.

_____. *Textos inéditos de Therese Tellegen*. São Paulo: Centro de Estudos de Gestalt de SP, 1989.

VERAS, Roberto Peres. *Ilumina-ação: diálogos entre a Gestalt-terapia e o zen-budismo*. 2005. Dissertação (mestrado em Psicologia Clínica) – Pontifícia Universidade Católica, São Paulo.

VINACOUR, Carlos. Estilos de personalidade e polaridades: a teoria de Theodor Millon aplicada à Gestalt-terapia. *Revista de Gestalt*, n. 8, São Paulo, Instituto Sedes Sapientae, p. 16-29, 1999.

WINNICOTT, Donald W. *O brincar e a realidade*. Rio de Janeiro: Imago, 1971.

_____. *Tudo começa em casa*. São Paulo: Martins Fontes, 1996.

WOOD, John K. *Vestígios de espanto: notas de fim de semana de um psicólogo*. São Paulo: Ágora, 1985.

YONTEF, Gary M. *Processo, diálogo e awareness: ensaios em Gestalt-terapia*. São Paulo: Summus, 1998.

_____. The relational attitude in Gestalt Therapy theory and practice. *International Gestalt Journal*, 2002, 25/1. Disponível em: <http://www.gestalt.org/igjpromo/>. Acesso em 12 nov. 2005.

YOSHIDA, Elisa Medici Pizão. *Psicoterapias psicodinâmicas breves e critérios psicodiagnósticos*. São Paulo: EPU, 1990.

ZINCKER, Joseph C. *A busca da elegância em psicoterapia: uma abordagem gestáltica com casais, famílias e sistemas íntimos*. São Paulo: Summus, 2001.

ZUBEN, Newton Aquiles Von. "O primado da presença e o diálogo em Martin Buber". Trabalho apresentado no Encontro Internacional de Filosofia da Linguagem realizado na Unicamp, ago. 1981. Disponível em: <http://www.odialetico.hpg.com.br>. Acesso em 19 mai. 2005.